江苏省示范马克思主义学院思想政治理论课教学改革系列成果

道德教育与法治教育有机融合教学研究

曹洪军／著

中国矿业大学出版社
·徐州·

图书在版编目(CIP)数据

道德教育与法治教育有机融合教学研究 / 曹洪军著. — 徐州:中国矿业大学出版社,2022.12

ISBN 978 - 7 - 5646 - 5587 - 7

Ⅰ. ①道… Ⅱ. ①曹… Ⅲ. ①高等学校—德育—教学研究—中国②高等学校—社会主义法制—法制教育—教学研究—中国 Ⅳ. ①G641

中国版本图书馆 CIP 数据核字(2022)第 205477 号

书　　名　道德教育与法治教育有机融合教学研究
著　　者　曹洪军
责任编辑　万士才　孙　浩
责任校对　余展博
出版发行　中国矿业大学出版社有限责任公司
　　　　　　(江苏省徐州市解放南路　邮编 221008)
营销热线　(0516)83885370　83884103
出版服务　(0516)83995789　83884920
网　　址　http://www.cumtp.com　**E-mail**:cumtpvip@cumtp.com
印　　刷　徐州中矿大印发科技有限公司
开　　本　710 mm×1000 mm　1/16　**印张** 10.75　**字数** 203 千字
版次印次　2022 年 12 月第 1 版　2022 年 12 月第 1 次印刷
定　　价　38.00 元

在科研改进中提升思想政治理论课教学质量
（总序）

习近平总书记在全国高校思想政治工作会议上明确提出“要用好课堂教学这个主渠道，思想政治理论课要坚持在改进中加强”。改进思想政治理论课教学事关诸多环节和要素，需要综合施策，其中通过改进广大一线教师的“科研”来促进教学质量的提升，尤为重要。

在现代大学中，各种纯粹服务于知识技能创新和直接服务于社会发展管理的科研日益增多，很多科研不光学生无法直接参与，而且基本与教学无涉。但由于诸多原因，教师对这类科研趋之若鹜，而直接针对教学的科研则门庭冷落。在这种情况下，科研的方向是否与教学密切相关、科研过程能否与教学过程相结合、科研成果能否直接应用于教学，是“科研”能否真正支撑教学的关键，这实际上也是判断是否为“有益于教学的科研”的重要标准。

结合高校思想政治理论课教学的实际，由于广大一线思想政治理论课教师普遍担负繁重的教学任务，时间精力有限，只有坚持“教学出问题、科研做文章、成果上课堂”的基本原则，切实做到“科研”与“教学”相结合、学科建设与课程建设相结合，才能保证相关“科研”对教学具有正向的支撑作用。

“什么样的科研”有益于思想政治理论课教学呢？

首先，有益于思想政治理论课教学的科研，其选题方向应该与思想政治理论课教学密切相关。总体上说，这类科研选题有两个大的方向，一是直接针对思想政治理论课教学的应用性研究，二是与思想政治理论课教学紧密相关的基础理论研究。具体而言，前者包括对思想政治理论课教学手段、方法、模式，各门思想政治理论课程教学设计、教案编写、课件制作，各门思想政治理论课程教学重点难点确定、教材内容体系向教学内容体系转化、不同思想政治理论课程之间内容衔接、教学话语构建及课堂教学组织等诸多方面的应用性研究。研究重点应聚焦于自媒体时代和新科技条件下,传统思想政治理论课教学优势与新教学技术有机结合方面的改革与创新。后者包括对思想政治理论课独特教学规律与育人规律的研究、围绕思想政治理论课教学重点难点展开的理论研究、教材所涉及的马克思主义重大理论问题的研究、马克思主义中国化理论创新的研究、学生所关心关注的重大现实问题的研究等。重点应聚焦于理论与实际相结合的研究,确保理论研究切实有助于思想政治理论课改革创新、有助于帮助学生解惑释疑。否则,如果做不到"坚持潜心问道和关注社会相统一",那么无论理论研究如何前沿深奥,依然无益于思想政治理论课教学。总之,"教师应善于把专业背景、工作需要和学校特色等条件有机结合起来,选择自己的研究方向,有一种'根据地'意识,明确自己是研究什么领域、什么问题的,在这块'根据地'上辛勤耕耘,做出成果,才能增强学科自信,才会受到学生尊重"。

其次,有益于思想政治理论课教学的科研,应该是科研过程与教学过程有机融合的科研。科研过程与教学过程有机融合,一是要注意使科研活动直接进入思想政治理论课教学过程,二是要注意积极吸收大学生参与科研活动。正如有学者分析的那样:虽说当今大学的教学与科研已不可能像洪堡时代那样全面"统一"了,但是,为了使科研能够有益于教学,科研进入教学过程就是一个必不可少的条件。尤其对于高校思想政治理论课教学而言,由于大学生具备了一定的知识储备、生活阅历和分析判断能力,这就要求思想政治理论课教学要有较强的研究性和学术性,以分析和讨论教材内容为主要授课形式,以培养学生运用马克思主义的基本原理和方法分析解决问题的素质与能力为高级目标,照本宣科的"知识传授"型教学形式最为学生所不屑。这实际上为教师把自己的科研融入教学活动、利用教学活动检验和改进科研成果创造了有利条件。显然,"有益于教学的科研"应该是贯穿于教学活动过程的科研,而不是游离于或隐藏于教学过程之外的科研。另外,真正有益于思想政治理论课教学的科研,除了要善于在教学活动中发现学生和教学需要解决的"真问题",并将教学和学生面临的实际问题确立为研究对象外,还应该在围绕教学展开科研的过程中积极吸收大学生参与。积极吸收大学生参与，不光是科研具有实效性、针对性的基本要求，也是保障大学生基本权益的必然要求。大学作为高等教育的服务者，应当树立以学生为中心的基本理念，重视并及时回应学生提出的各种利益诉求，保障学生在大学治理过程中的各种基本权利，维护学生的各类基本权益。参与科学研究实际上是大学生应该享有的最重要的基本权利。

最后，有益于思想政治理论课教学的科研，应该是科研成果能够直接有效应用于思想政治理论课教学的科研。无论是直接针对教学问题的应用研究，还是针对重大理论问题的基础研究，其研究成果都应该能直接应用于课堂教学，并有利于思想政治理论课教学质量的提升。具体而言，直接针对教学的应用性研究成果，要真正能促进思想政治理论课教学方法的改革与创新，要有针对性、实用性和可推广性。此类应用性研究的选题要大小适当，实证研究的样本要尽可能面广量大且具有代表性，否则，研究的结论就可能缺乏针对性，就可能以偏概全，就可能失真，以此来指导教学改革的后果是不言而喻的。理论研究成果要能直接解答学生思想政治方面的困惑和疑问，要能直接解答学生关切的重大理论问题和现实问题，要能直接为思想政治理论课教育教学提供学理支撑，要能正确指明思想政治理论课教学改革的规律与方向。否则，与思想政治理论课无关的理论科研成果再多、再新、再“好”，只要其无法直接在思想政治理论课教学中运用，那么这类科研的独特性教育价值自然都难以显现，当然对思想政治理论课教学质量提升毫无意义，甚至起反作用。说这类科研越多对思想政治理论课教学越起反作用，并非危言耸听，因为教师的时间、精力有限，各种与思想政治理论课教学无关的科研做得越多，从事教学和教学研究的时间和精力越少，而这种现象在现实中愈演愈烈，有目共睹。

中国矿业大学马克思主义学院现为“江苏省示范马克思主义学院”，自 2011 年建院以来，秉持教学立院、科研强院、教学科研一体化发展理念，采取一系列有效措施，取得了可喜成绩。学院坚持教学机构建设与管理制度先行，为教学改革创新保驾护航，坚持以教学模式改革为突破口，教学质量和师资队伍素质不断提升，科学谋划出实招，促进教学与科研协同发展。通过制定教学与科研均衡奖励制度，鼓励教师围绕教学开展研究，形成教学与科研相互促进的良好局面。学院强调教学工作以“一化推动三化”，即以资助项目化方式推动教学团队优化、教学研究深化和教学成果孵化，为教师全员、全方位、多层次开展教学研究和参与教学改革提供有力保障。

学院规划的“思想政治理论课教学改革系列成果”丛书，正是基于“科研要有益于思想政治理论课教学”的原则，围绕本校思想政治理论课教学改革，直接针对教学问题的应用研究，是老师们在实际教学过程中改革、探索和实践的成果，有利于思想政治理论课教学质量的提升，我们希望这些成果直接应用于课堂教学。

感谢马克思主义学院为“科研有益于思想政治理论课教学”付出的所有老师，同时感谢中国矿业大学的同学们，他们在教学中与老师们的深入探讨给老师们带来了诸多启发。同学们的智慧以及同学们的希望、支持和鼓励是老师们总结教改成果并编写成书的根本动力。

曹洪军

2020 年 8 月于徐州

目　录

绪　论

第一节　问题缘起及研究意义

一、问题缘起

强化道德教育与法治教育的有机融合，是贯彻落实依法治国和以德治国相结合的基本要求，是提升国家治理能力和治理体系现代化的具体要求。以德治国是我国的优秀治国理政传统，依法治国是现代社会国家文明的重要标志和基本要求。改革开放以来，依法治国和以德治国相结合逐渐成为我国的基本治国方略。2000年6月，江泽民《在中央思想政治工作会议上的讲话》中指出："法律和道德作为上层建筑的组成部分，都是维护社会秩序、规范人们思想和行为的重要手段，它们互相联系、互相补充。法治以其权威性和强制手段规范社会成员的行为，德治以其说服力和劝导力提高社会成员的思想认识和道德觉悟。道德规范和法律规范应该互相结合，统一发挥作用。"2001年1月10日，在全国宣传部长会议上，江泽民强调要坚持不懈地加强社会主义法制建设，依法治国，同时也要坚持不懈地加强社会主义道德建设，以德治国，把依法治国与以德治国紧密结合起来。2013年2月23日，习近平在主持中共中央政治局第四次集体学习时强调，要坚持依法治国和以德治国相结合。2014年10月23日，党的十八届四中全会审议通过了《中共中央关于全面推进依法治国若干重大问题的决定》，把坚持依法治国和以德治国相结合作为建设中国特色社会主义法治体系所要坚持的五项原则之一。2016年12月，习近平在中共中央政治局第三十七次集体学习时强调："坚持依法治国和以德治国相结合，就要重视发挥道德的教化作用，提高全社会文明程度，为全面依法治国创造良好人文环境。要在道德体系中体现法治要求，发挥道德对法治的滋养作用，努力使道德体系同社会主义法律规范相衔接、相协调、相促进。"2019年10月，中共中央、国务院印发的《新时代公民道德建设实施纲要》指出："坚持德法兼治，以道德滋养法治精神，以法治体现道德理念，全面贯彻实施宪法，推动社会主义核心价值观融入法治建设，将社会主义核心价值观要求全面体现到中国特色社会主义法律体系中，体现到法律法规立改废释、公共政策制定修订、社会治理改进完善中，为弘扬主流价值提供良好社会环境和制度保障。"2019 年 10 月，党的十九届四中全会指出："坚持依法治国和以德治国相结合，完善弘扬社会主义核心价值观的法律政策体系，把社会主义核心价值观要求融入法治建设和社会治理，体现到国民教育、精神文明创建、文化产品创作生产全过程。"2021 年 11 月，党的十九届六中全会通过了具有历史性意义的《中共中央关于党的百年奋斗重大成就和历史经验的决议》(以下简称《决议》)，将"坚持依法治国和以德治国相结合，制定新宪法，建设社会主义法治国家"作为重要历史成就写进了《决议》。

贯彻落实依法治国和以德治国相结合，体现在高校教育教学中就必须强化相关课程教学工作。"思想道德与法治"课(2021 年秋季学期前为"思想道德修养与法律基础"课，以下简称"基础"课)是集中开展大学生道德教育与法治教育的主干课程，在该课程教学活动中注重道德教育与法治教育有机融合，是实现课程教学目标、培养德法兼修高素质人才的必然之举。然而，一方面，目前"思想道德与法治"课教材中道德教育和法治教育之内容结构的编排融合还处在探索和试验阶段，仍存在很多薄弱环节，需要进一步调整完善；另一方面，虽然推进道德教育与法治教育有机融合的教学理念逐渐受到学术界的高度认可，但如何构建相应的教学内容体系、采用何种模式及方法才能取得良好的效果，仍有较大的探索和研究空间。因此，本书聚焦大学生道德教育与法治教育的有机融合问题，从贯彻落实新时代治国方略的宏观角度而论，是在回应时代发展的国家要求，从课程建设以及人才培养的微观角度而言，是在回应提升教学实效的教育要求。

二、研究意义

本书力图理论分析研究和实证调查研究并重，在厘清道德与法律、道德教育与法治教育区别与联系的基础上，明确分析归类"基础"课、"思想道德与法治"课教学中道德教育与法治教育脱节的问题表征和具体成因，通过提供教学指导原则、教学模式、教学方法、教学方案及实践案例等，为"思想道德与法治"课开展道德教育与法治教育有机融合教学活动提供理论指导和实践进路。具体研究意义如下。

（一）研究的理论意义

第一，为“思想道德与法治”课开展道德教育与法治教育有机融合教学活动提供自信自觉理论依据。通过科学界定“道德教育”“法治教育”“有机融合”等概念的内涵，着力分析“道德教育”与“法治教育”的关系，充分论证两者有机融合的必要性、合理性及可行性，可以为教师在“思想道德与法治”课教学过程中自觉主动将道德教育与法治教育有机融合起来提供理论支持和自信依据。

第二，为丰富和完善“思想道德与法治”课的教材内容体系及教学内容体系提供理论支撑。通过对课程教材内容体系变化的历史研究，以及教材内容体系与教学内容体系关系的剖析，揭示教材体系中道德教育与法治教育内容出现“分—合—分”变化的真实意图和内在逻辑，有助于教师避免因为教材内容体系表象反复和不稳定而产生是否需要开展道德教育与法治教育有机融合教学活动的疑虑和误解。同时指出，教材内容应当直接体现“有机融合”的系统性、连贯性和现实性，以有助于教师设计“有机融合”的教学内容体系。这对于完善教材体系、提高课堂教学实效性具有重要的理论指导意义。

（二）研究的应用价值

第一，有助于提高“思想道德与法治”课的教学质量，提升道德教育与法治教育有机融合教学效果。通过分析道德教育与法治教育有机融合的重要性及可行性，帮助教师提高思想认识，克服畏难情绪，进而推动实际教学活动的顺利开展。更为重要的是，通过为道德教育与法治教育有机融合教学活动提供基本原则、教学模式和教学方法，帮助教师优化教学思路、完善实践方案，从而提高教学水平及课程实效性。

第二，有助于贯彻落实依法治国与以德治国相结合，提升德法兼修高素质人才的培育质量。本书立足于新时代高校立德树人的根本任务，着力于道德教育与法治教育有机融合内容、方式、方法的实践探索，以此推动大学生道德教育与法治教育有机融合的有效性。这既有助于大学生在“思想道德与法治”课程学习过程中掌握理论知识，不断提升道德素质和法治素养，更有助于大学生将德法融合的理论应用于现实生活，从而成为落实和推动依法治国和以德治国相结合的重要力量，助力中华民族伟大复兴中国梦的实现。

第二节 文献综述及简要评析

一、文献综述

虽然关于道德与法律、道德教育与法治教育关系的研究文献汗牛充栋，但具体研究“基础”课、“思想道德与法治”课教学中道德教育与法治教育有机融合的文献不够丰富和深刻。虽然一些研究思想政治教育史及思想政治理论课（简称“思政课”）建设的专著在部分章节中涉及道德教育与法治（法制）教育的结合或融合问题，但至今未见相关的研究专著面世，相关文献主要以期刊论文的形式存在。截至 2020 年，在知网以“道德教育＋法治教育”和“道德教育＋法制教育”为篇名进行精确搜索，分别可以检索到文献 8 篇和 92 篇。此外，一些分别研究道德教育或法治（法制）教育的专题文章也论及了道德教育与法治教育的有机融合问题，但普遍存在讨论不够深入具体的问题。与本课题密切相关的研究文章主要发表在“05 方案”[①]实施以后，不但发文数量呈现逐年上升的趋势，而且研究内容也呈现了由阐述道德教育与法治教育有机融合的必要性、可行性，向探寻具体实施操作路径转变的趋势。虽然课题组已经对国外相关文献做了充分研究，认识到西方大学把道德教育与法治教育统一于公民素质教育和行为规则教育的做法值得借鉴，但鉴于本课题研究主题的特殊性，以下仅对国内相关研究展开综述分析。

（一）关于道德教育与法治教育有机融合必要性或重要意义的研究

纵观相关文献阐述，不但话语表象上呈现了从“相结合”到“有机融合”的转变，而且学者们对于道德教育与法治教育有机融合必要性或重要意义的认识也在不断加深。总体而言，相关研究大多是从社会发展需要、大学生全面发展需求、教学目标要求及提高教学实效性等几个方面进行阐述的。《思想政治理论课中德育与法治教育融合的思考》一文认为，虽然现行教材中道德教育与法治教育分别在第五章和第六章单列，但是深入审读教材可以发现，不少章节尤其是第六

---

① 2005 年中共中央宣传部、教育部发布的《关于进一步加强和改进高等学校思想政治理论课的意见》及相关实施方案中确立的课程设置方案。

章通过介绍两者之间的相互作用暗指德育与法治教育融合教学的必要性。[①]《融会德法兼修理念的价值及路向——"思想道德修养与法律基础"课教学思考》一文认为，德法兼修作为人才培养的重要目标，既是习近平总书记的殷切期望，也符合大学生成长成才的需要，更是与大学生德法教育联系最为密切的"基础"课改革前进的方向。[②]《论国家治理现代化过程中德治与法治的结合》一文认为，道德教育与法治教育分别教给人们"应该做什么"和"不能做什么"，二者的功能互补使得有机融合"有利于培养大学生对法中道德价值的感受与认同，逐步培养大学生自身对法律的信服心理及自觉守法的行为习惯"[③]。《大学生法制教育和道德教育相结合的意义与路径》一文认为，只有实现法治教育和道德教育相结合才能真正实现公民教育，实现大学教育的目标，这是以德治国和依法治国的要求，也是构建社会主义和谐社会的需要。[④]《刍议大学生法制教育与思想政治教育的有效结合》一文认为，将大学生法律教育与思想政治教育相结合，可以起到缩短教育时间、提升教育效率的目的，对于培养大学生的综合素质有决定性的作用。[⑤]《大学生道德教育与法制教育的融合及其实践把握》一文认为，道德教育与法制教育的有机融合，是全面推进依法治国、建设社会主义法治国家的需要，是提高思想政治教育工作实效性的需要，是大学生走向社会、适应社会的需要。[⑥]《高校道德教育与法制教育的发展、关联与融合》一文认为，法制教育与道德教育同样重要，在现实实践过程中，应当实现两者的有机融合和无缝衔接，而不应重德轻法、厚此薄彼。[⑦]《试论大学生道德教育与法制教育的融合》一文从道德与法律各自的局限性、治标与治本相结合的价值取向、道德教育与法治教育共同的价值目标三个方面阐述了道德教育与法治教育相融合的必要性。[⑧]

（二）关于道德教育与法治教育的关系及有机融合可行性的研究

关于道德教育与法治教育的关系及两者有机融合可行性的论述，主要从以

---

① 黄滢：《思想政治理论课中德育与法治教育融合的思考》，载《大学教育》2019 年第 9 期，第 108 页。

② 王春英：《融会德法兼修理念的价值及路向——"思想道德修养与法律基础"课教学思考》，载《中国大学教学》2017 年第 9 期，第 59 页。

③ 韩克芳：《论国家治理现代化过程中德治与法治的结合》，载《学术探索》2016 年第 12 期，第 5 页。

④ 关菲菲：《大学生法制教育和道德教育相结合的意义与路径》，载《学周刊》2015 年第 21 期，第 18 页。

⑤ 王伟：《刍议大学生法制教育与思想政治教育的有效结合》，载《法制与社会》2014 年第 17 期，第 226-227 页。

⑥ 孙冕：《大学生道德教育与法制教育的融合及其实践把握》，载《法制与社会》2014 年第 36 期，第 226 页。

⑦ 顾相伟：《高校道德教育与法制教育的发展、关联与融合》，载《思想教育研究》2012 年第 1 期，第 90 页。

⑧ 孙冕：《试论大学生道德教育与法制教育的融合》，载《学校党建与思想教育》2010 年第 31 期，第 74 页。

下两个大的方面展开。

一是从学理层面，在比较道德与法律、德治与法治的产生根源、所属范畴、调节范围、社会功能、价值目标等几个方面异同的基础上，展开对道德教育与法治教育的关系以及两者有机融合可行性的阐释。总体认为，道德教育与法治教育既是各有自己明确的教育内容和教育目标，又是具有相互支撑和相互补充关系的两个范畴，统一于思想政治教育目标，具有有机融合的可行性。《交往实践和制度文明：道德教育和法律教育有机结合的理论根基》一文认为：从道德和法律产生的根源来看，二者皆由“礼”分化而来；从价值目标来看，二者具有一致性；从内容和调整范围来看，二者形成互化和互补的结构形态；从社会功能来看，二者强制性的程度不同。①《从现代教育治理看德治与法治的融合发展》一文从教育治理过程的角度分析，认为德治与法治的定位不同，所确定的治理标准也各有不同，因此，需要道德教育与法治教育的梯队性全覆盖才能实现治理目标。②《大学生法治与道德教育有机结合路径探究》一文认为，道德教育是法治教育的基础，法治教育是道德教育的保障，法治教育和道德教育是相互渗透、相互补充的关系，因此二者具备相互融合的可能性和必要性。③《论大学生道德教育和法治教育的融合》一文认为，大学生道德教育与法治教育的教学目标具有趋同性，都是把“以人为本”的原则作为教育活动开展的宗旨，把教育和学生的发展联系在一起，为学生的全面发展创造良好的教育条件，更大程度地挖掘大学生的价值。④《论大学生思想道德教育与法律教育结合的价值基础》一文认为，大学生道德教育与法律教育在政治价值、经济价值、文化价值上统一，二者的社会价值与个人价值、当前价值与长远价值相统一，这为道德教育与法治教育相结合提供了可能性理论支持。⑤《大学生道德教育与法制教育的融合》一文认为，道德教育与法律教育内容的融合可以实现自律和他律的功能互补，除此之外，道德教育和法制教育均归属于大学生思想政治教育，两者不可分割。⑥《法律伦理学》一

---

① 刘然：《交往实践和制度文明：道德教育和法律教育有机结合的理论根基》，载《太原师范学院学报》（社会科学版）2013 年第 5 期，第 136-137 页。

② 李刚，吴卓玲：《从现代教育治理看德治与法治的融合发展》，载《教育理论与实践》2019 年第 28 期，第 37-38 页。

③ 陈建华，邢滢滢：《大学生法治与道德教育有机结合路径探究》，载《教书育人》（高教论坛）2017 年第 9 期，第 58 页。

④ 赵红梅：《论大学生道德教育和法治教育的融合》，载《当代教育理论与实践》2015 年第 7 期，第 134 页。

⑤ 石红：《论大学生思想道德教育与法律教育结合的价值基础》，载《思想理论教育》2007 年第 17 期，第 73-74 页。

⑥ 余国政：《大学生道德教育与法制教育的融合》，载《湖北师范学院学报》（哲学社会科学版）2007 年第 5 期，第 110-111 页。

书认为,道德和法律是两种不可替代、具有相互独立性的不同社会意识形态,两者在内在价值层面应无条件地趋向同一,在外在形态层面的结合是有限度的、互补性的。[①]

二是从党和国家的政策层面论证道德教育与法治教育的关系及其有机融合的可行性。除了从学理层面论述外,众多学者还认为有关依法治国与以德治国相结合的相关文件明确了道德与法治的关系,为道德教育与法治教育有机融合提供了明确的政治导向和政策支持。《大学生道德教育与法制教育的关联研究》一文梳理了从20世纪80年代至2012年党中央、教育部及相关部门针对道德教育和法律教育出台的相关政策文件,以这些文件为根据,指出道德教育与法治教育相结合是适应现代社会发展需要的。[②]《关于大学生道德教育与法制教育有机结合的探讨》一文认为,以德治国与依法治国相结合,建设社会主义和谐社会的创新理论为两者有机结合提供了理论依据。《公民道德建设实施纲要》《新时代公民道德建设实施纲要》和国家出台的实施意见及其实施方案等文件,对二者结合有明确的政策导向。[③]

(三)关于道德教育与法治教育有机融合内涵及方式的研究

关于如何理解道德教育与法治教育有机融合的内涵及教学开展方式,目前存在多种理解,观点不一。《充分认识“思想道德修养”与“法律基础”的内在结构关系》一文总结了“融合论”“组合论”“折中论”三种代表性观点。融合论认为应该按照一门课程的知识逻辑设计课程内容,在每一个专题中既要讲道德,也要讲法律,把思想道德修养和法律基础当成一种东西来看待。组合论认为思想道德修养与法律基础分属于不同的学科领域,具有不同的知识逻辑构建特点和规律,两者很难融合成一门课程,最好的方法是将两部分内容进行组合,保留各自的特点和优势。折中论认为既要按照一门课程进行知识体系构建,但两者又确实有不同的调节领域和知识构建特点,应有统有分,有整合有独立。[④]

此外,《“基础”课道德教育与法制教育融合探析》一文提出了专题式教学的观点,指出:“专题式教学能突破章节的限制,将知识系统立体地再现出来,避免碎片化教学模式和知识平面化的弊端。在道德教育与法制教育的融合上,它可

---

① 李建华:《法律伦理学》,中南大学出版社2002年版,第57页。

② 顾相伟:《大学生道德教育与法制教育的关联研究》,载《现代教育管理》2012年第3期,第97-98页。

③ 陈大文:《关于大学生道德教育与法制教育有机结合的探讨》,载《思想理论教育导刊》2011年第3期,第54-56页。

④ 佘双好:《充分认识“思想道德修养”与“法律基础”的内在结构关系》,载《清华大学学报(哲学社会科学版)》2008年第S1期,第120页。

以使同一问题很自然地衔接在一起，有利于学生理清思路，明确教学主题，更好地把握教材内容。”[①]《试论大学生道德教育与法制教育的融合》一文认为，应当通过培养大学生的守法道德观来实现二者的融合，大学生法律教育在实际教学过程中，应当符合学生道德水平的实际，面向全体学生的法律教育“不同于一般的普法教育或者政法院校的专业教育，而是融入了道德教育的法律教育。道德教育应当注重培养大学生的守法道德观，让‘尚法’成为每个大学生的品德，让以守法为美德成为大学生的道德追求”[②]。

（四）关于道德教育与法治教育有机融合存在的问题及其成因的研究

相关研究主要从教材体系、师资力量、教学理念、规章制度及教学管理等角度分析“有机融合”存在的问题及其成因。《高校“思想道德修养与法律基础”课德法融合探析》一文认为，当前因道德教育与法律教育教材内容缺乏连贯性及二者课时比重分配不均等问题导致大学生法治教育实效性有待提升。“基础”课始终未能达到德法融合的理想状态，根本原因主要包括“德法融合理念未能深入人心、具体教育方式不当、法治教育师资队伍配备力量不足以及缺乏合理科学的课程评价体系等”[③]。《高校道德教育和法治教育融合研究》一文认为，“道德教育”与“法治教育”教学活动难以融合的原因在于教材本身没有充分体现道德教育与法治教育的内在融合。具体而言，有的版本把道德教育部分和法律教育部分分开来论述，有的则合并起来论述，但这些都没有实现二者内在的有机融合。[④]《高校法治教育改革之我见——以“思想道德修养与法律基础”课为例》一文认为，道德教育与法治教育脱节的主要原因是现有教材内容过于抽象，两部分内容相互融合不够，涉及的层面过多、过细，知识点多，但又重点不突出，详略不当等。[⑤]《思想道德教育与法治教育内容有机融合的新探索》一文认为，德法知识兼备的教师较少，知识结构的欠缺导致思想道德教育与法治教育的有机融合仍

---

① 周琳：《“基础”课道德教育与法制教育融合探析》，载《当代教育实践与教学研究》2017 年第 10 期，第 203 页。

② 孙冕：《试论大学生道德教育与法制教育的融合》，载《学校党建与思想教育》2010 年第 31 期，第 75 页。

③ 刘泉源：《高校“思想道德修养与法律基础”课德法融合探析》，吉林大学硕士论文，2020 年第 30-34 页。

④ 刘博文：《高校道德教育和法治教育融合研究》，北方工业大学硕士论文，2017 年第 13-14 页。

⑤ 王小莹：《高校法治教育改革之我见——以“思想道德修养与法律基础”课为例》，载《马克思主义学刊》2015 年第 2 期，第 35-36 页。

然是“基础”课教学中的一个难题。[①]

(五)关于道德教育与法治教育有机融合基本原则及实践路径的研究

关于有机融合的基本原则,由于着力点不同,具体的表述各有侧重。《德治法治与高校思想政治教育》一书从历史演变的角度着重对德治法治相结合思想在高校思想政治教育中的地位与作用、基本内容、教学原则与方法、评价机制等问题进行了阐述。这是一部理论论述全面,对高校思政教育工作有很强指导性的著作。[②]《中国共产党思想政治教育史》一书简明介绍了中国共产党思想政治教育史的沿革发展,以及随着时代的发展,道德教育和法制教育的关系变化。[③]《大学生法制教育和道德教育相结合问题研究》一文提出了“广泛性与先进性相结合、自律与他律相结合、用思想政治教育相关原则和方法指导法制教育和道德教育相结合”等基本原则。[④]《“基础”课思想道德与法制教育内容的“融合”探析》一文认为,应坚持“理论与实践相统一、关联性与差异性相统一、知识性与思想政治教育性相统一”的原则。[⑤]《论思想道德修养与法律基础课中法治教育与德育整合的基本原则》一文提出,应坚持理论性与实践性、时代性相结合,理想与现实相统一,内容与形式相统一和以信仰教育为导向、注重信仰教育和知识教育相结合的原则。[⑥]

实施路径是所有相关文献的落脚点,虽然不同文章的路径选择有所偏重,但总体而言主要是从教师素质提升、制度文化营造、教学体系构建及教学方法改革等层面展开的。《大学生道德教育与法制教育的融合》一文指出,教师教育观念的变革是实现融合的关键,教师要改善自身的知识结构,要以批判的精神变革已有的思维方式,改变自身那些狭隘的分裂式思维方法,建立统整的思维模式。[⑦]《关于高校法制教育定位问题的思考》一文认为,教师应该在坚持法制教育的思

① 姚郁卉:《思想道德教育与法治教育内容有机融合的新探索》,载《北京教育(德育)》2017 年第 1 期,第 32 页。

② 靳诺:《德治法治与高校思想政治教育》,光明日报出版社 2004 年版。

③ 本书编写组:《中国共产党思想政治教育史》,高等教育出版社 2016 年版。

④ 刘洋:《大学生法制教育和道德教育相结合问题研究》,渤海大学 2014 年硕士学位论文,第 35-36 页。

⑤ 何玉芳,张艳红:《“基础”课思想道德与法制教育内容的“融合”探析》,载《思想理论教育导刊》2011 年第 3 期,第 60 页。

⑥ 颜文皎:《论思想道德修养与法律基础课中法治教育与德育整合的基本原则》,载《哈尔滨职业技术学院学报》2009 年第 4 期,第 46-48 页。

⑦ 余国政:《大学生道德教育与法制教育的融合》,载《湖北师范学院学报(哲学社会科学版)》2007 年第 5 期,第 112 页。

想品德教育性质基础上，不断地实现培养学生法律素质的教育目标，这样才能实现法制教育与思想道德教育及公民教育的有机结合。[①]

《道德教育与法治教育相融合 促进大学生全面发展》一文指出，要做好教材内容体系向教学内容体系转换，在这个过程中应注意三点：第一，道德教育与法治教育的融合应合逻辑性；第二，道德教育与法治教育的融合应有一个合适的度；第三，道德教育与法治教育的融合要注重知识性与思想政治教育性相统一。[②]《促进大学生道德教育与法制教育有机结合的重要载体——关于〈思想道德修养与法律基础〉教材解读》一文认为，要改变"拼盘式"的内容体系框架，结合大学生认知的特点，利用其思想信息的饥渴性、思想接受的前瞻性、思想接受的情绪性等特点，创建以行为规范为基础、以思想观念为核心、以相关权利与义务为重点的道德与法制教育教学内容体系。[③]《关于大学生道德教育与法制教育有机结合的探讨》一文认为，在二者有机融合的过程中，应当探寻多个大学生道德教育与法制教育的结合点，形成教材体系，构建教学方案。[④]《高校德育与法治教育有效融合研究》一文认为，宏观上以融合的视角找准融合的知识面，贯彻德与法相融合的改革意图，微观上找出可融合的知识点，即该知识点既是道德教育又是法治教育问题。[⑤]《大学生道德教育与法制教育一体化研究》一文认为，必须把教授理论知识与具体实践活动相结合，才能让学生更加深刻地领略到道德与法律在法治社会是如何共同发挥作用的。[⑥]《大学生道德教育与法制教育融合的机制及路径选择》一文认为，必须坚持以实现大学生的全面发展为其逻辑起点，以发挥两者的功能为结合点，以实现道德精神与法律意识向实现真、善、美的转换为落脚点，以教育方式的改革为着力点。[⑦]

---

① 陈大文，孔鹏皓：《关于高校法制教育定位问题的思考》，载《思想理论教育导刊》第 2013 年第 7 期，第 51 页。

② 周艳敏：《道德教育与法治教育相融合 促进大学生全面发展》，载《北京教育(德育)》2017 年第 1 期，第 31 页。

③ 陈大文：《促进大学生道德教育与法制教育有机结合的重要载体——关于〈思想道德修养与法律基础〉教材解读》，载《思想·理论·教育》2006 年第 11 期，第 22 页。

④ 陈大文：《关于大学生道德教育与法制教育有机结合的探讨》，载《思想理论教育导刊》2011 年第 3 期，第 57 页。

⑤ 戴秀丽，王晓静：《高校德育与法治教育有效融合研究》，载《北京教育(德育)》2017 年第 1 期，第 27 页。

⑥ 金福来，李亚男：《大学生道德教育与法制教育一体化研究》，载《吉林农业科技学院学报》2013 年第 2 期，第 46 页。

⑦ 孙冕：《大学生道德教育与法制教育融合的机制及路径选择》，载《教育探索》2010 年第 10 期，第 104-106 页。

二、国内外研究现状和趋势的简要评析

目前关于道德教育与法治教育有机融合问题的研究已经取得了较为丰硕的成果,研究覆盖了两者融合的内涵、必要性、可行性、基本原则以及实现路径等。但相关研究存在重复性、浅表性、经验性等问题,学理性和实用性研究都需要进一步加强。存在的主要具体问题如下。

(一)对"有机融合"等核心概念的科学内涵界定不清

任何研究都首先需要对研究主题涉及的核心概念做甄别界定,否则研究就会陷入无的放矢的尴尬境地。目前很多文章没有对"道德教育""法学教育""法律教育""法制教育""法治教育""有机融合"等核心概念做深入研究和科学界定,由此导致很多研究结论处于浅表化和混乱化状态。虽然道德教育与法治教育相结合的"融合论""组合论""折中论"都有一定的合理性,但是也反映了理论和思想认识的分歧,需要对有机融合的科学内涵做进一步的深入研究和界定,以统一认识,进而保证教学的实效性。

(二)对道德教育与法治教育有机融合的必要性、合理性及可行性的全面深刻的论证不足

研究道德教育与法治教育有机融合的必要性、合理性及可行性十分重要,这是帮助教师树立教学改革意识和信心的必然要求,同时对于帮助教师采取正确的方式方法推进有机融合教学活动具有重要意义。现有文献大多是从以德治国与依法治国相结合的要求、道德教育与法治教育的功能互补要求、学生成长的整体素质要求等角度进行的简单重复性研究。而从法治的道德价值意蕴、道德层次划分及其与法律的关系,社会主义社会政治经济基础条件下道德与法治的共同价值目标,以及"基础"课、"思想道德与法治"课教学语境中道德教育与法治教育的关系等角度的深刻论述明显不足。由此导致这部分研究的意义仅限于认识层面,对于有机融合实际操作的支撑作用不够。

(三)对道德教育与法治教育有机融合存在的问题及其成因挖掘不够,对策建议的实用性不足

道德教育与法治教育有机融合本身是时代发展的产物,其问题及成因也随着近年来师资力量、教学改革、学生需求等的变化而发生了深刻变化。相关研究应当与时俱进,常研常新,才能切实提高教学实效性。目前,问题梳理及成因挖

掘依然存在简单重复的问题，系统性、深入性明显不够，由此导致对策建议大多停留在宏观的原则性层面，可操作性不强。如，不少文章都提出要构建道德教育与法治教育有机融合的教学内容体系，寻求两者的有机结合点，采用案例式教学、情景式教学、问题式教学等对策建议，但对如何具体操作则语焉不详，没有给出具体的教学方案和实践教学案例。

第三节 研究思路及研究方法

一、研究思路

本研究采用理论分析与实证调查验证相结合的研究方法，沿着“为何要有机融合”→“为何可以有机融合”→“如何有机融合”的总体线路展开。首先，以界定道德教育、法治教育、有机融合的科学内涵为研究起点，为后续研究打下基础。其次，分别从学理支撑和现实诉求角度分析论证道德教育与法治教育有机融合的重要性及可行性，以解答“为何要有机融合”及“为何可以有机融合”两个命题，为开展相关教学活动扫清思想认识障碍。再次，根据理论分析假设和实证调查验证结果，明确并归类道德教育与法治教育脱节的问题表征及深层根源、直接缘由和制度性因素。最后，针对问题产生的复杂成因，给出系统而有针对性的综合性对策措施，以解答“如何有机融合”这一关键命题。

二、研究方法

（一）文献研究方法

首先，在对马克思主义相关经典著作文献、国家有关道德与法治教育的政策文件、大学生道德教育与法治教育有机融合相关文献以及多个版本“基础”课教材及 2021 版“思想道德与法治”课新教材相关内容演变进行梳理分析的基础上，全面把握大学生道德教育与法治教育的历史与发展趋势，阐述道德教育与法治教育有机融合的科学内涵、价值意蕴和发展目标。其次，国内外在更广泛意义上研究道德教育、法治教育及其相互关系的文献异彩纷呈，研读、梳理并比较分析上述文献，对本研究具有启示和借鉴作用。

（二）理论与实践相结合的研究方法

理论与实践相结合的研究方法是以理论指导实践，并在实践中不断丰富理论的研究方法。一方面，重视通过研究道德教育与法治教育有机融合的理论依据和政策导向，从而分析得出二者融合的必要性、合理性与可行性；通过深入研究教材内容体系并对当前教学组织及方法进行考察，分析得出二者相脱节的问题及其成因。另一方面，重视通过实证调查来验证理论分析的正确性，以确保研究能真正揭示问题的关键，进而给出系统而不失针对性的对策建议。

（三）教学试验验证研究方法

本研究最重要的价值在于为“思想道德与法治”课开展道德教育与法治教育有机融合教学活动提供切实有效的对策措施。本研究制定的有机融合教学实施方案、设计的教学案例和采用的具体教学方法等，在笔者所在学校和部分兄弟院校进行了为期一年的试验教学验证，通过听取师生意见建议，修改完善相关方案设计，确保最终研究成果的有效性。

第四节　本书结构及主要内容

一、本书结构

本书围绕”基础”课、“思想道德与法治”课中道德教育与法治教育有机融合的相关理论及现实问题展开论述。全书除绪论部分外，共分为理论透视、历史回顾、现实考察、推进路径、案例解析等五个章节。

第一章是有关理论透视研究。本章重点厘清道德与法律、道德教育与法治教育的关系，界定有机融合的科学内涵，分析有机融合的价值意蕴。

第二章是有关历史回顾研究。本章重点梳理了改革开放以来，特别是“05方案”实施以来道德教育与法治教育有机融合的历史演进，总结不同历史时期的阶段性特征及总体演变理路，总结成功经验，指出实践中的不足之处。

第三章是有关现实考察研究。本章从理论依据、政策导向、实践支撑三个方面分析了道德教育与法治教育有机融合的可行性。通过理论分析和实践调查，总结分析道德教育与法治教育在课程目标、教学内容、教学方法等方面脱节的问题表征,分析问题产生的深层根源、直接缘由和制度因素。

第四章是有关推进路径研究。本章在前文研究基础上,从树立科学的教学理念原则、构建系统的教学内容体系、采用恰当的教育模式方法、建立有效的教育保障制度四个维度提出了推进道德教育与法治教育有机融合的路径。

第五章是案例解析。本章对16个经典案例进行了阐述分析,从操作层面为开展道德教育与法治教育有机融合教学活动提供了实践参考。

二、主要内容

道德教育与法治教育的有机融合问题,涉及诸多要素及环节,为使研究深入具体,本书主要聚焦大学生“基础”课、“思想道德与法治”课的实际教学维度,主要研究内容如下。

(一)核心概念的内涵界定及其关系剖析

第一,核心概念的内涵界定。科学界定道德、法律、法学、法制、法治、道德教育、法律教育、法学教育、法制教育、法治教育、有机融合等本书所涉及的核心概念,重点探析和界定“基础”课、“思想道德与法治”课教学中道德教育与法治教育有机融合的科学内涵。

第二,核心概念的关系剖析。除从一般意义上剖析道德与法律、法制教育与法治教育、道德教育与法治教育的区别与联系外,重点剖析“基础”课、“思想道德与法治”课教学中道德教育与法治教育的区别与联系。

(二)道德教育与法治教育有机融合的必要性论证

第一,两者有机融合的应然性理论要求。从马克思主义理论要求、教育功能互补理论要求、“思想道德与法治”课教学目标等多角度展开分析。研究认为:两者有机融合是马克思“人之自由而全面发展”理论的本质要求;两者调节社会关系的层次、方式、范围和功能不同,有机融合是发挥两种教育合力功能的必然要求;两者有机融合是实现“思想道德与法治”课培养大学生具有道德与法治综合知识、素质和能力总体教学目标的应然性要求。第二,两者有机融合的实然性现实诉求。从国家的要求、大学生解决实际问题能力培养要求、教学现状改变及教学效果提升要求等多角度展开分析。研究认为:两者有机融合是贯彻依法治国与以德治国相结合的实然性要求,是帮助大学生提高解决实际问题能力,尤其是在面对道德思维与法律思维冲突时做出正确抉择的实然要求;在“思想道德与法治”课教学中两者应该统一于思想政治教育,两者严重脱节,既违背人才成长的教育规律,也影响课程教学的实际效果。

(三)道德教育与法治教育有机融合的可行性论证

第一,两者有机融合可行性的理论分析。从道德与法律的统一性与互动性、社会主义社会道德教育与法治教育的共同价值取向、课程目标本质等多角度展开分析。研究认为:法律脱胎于道德,道德具有层次性,法律通常是其中更为具体的、可实践的底线道德,法律体现道德的价值意蕴,法律为道德实践提供制度保障;道德标准随着时代的发展而不断变化,道德规范可能上升为法律规范,法律规范也可能回归道德规范的行列,道德的法律化和法律的道德化体现了两者的互动性;在我国,道德和法律都是人民意志的体现,道德教育与法治教育都具有抑恶扬善、服务于社会和个人全面发展的共同正义价值取向;在"基础"课、"思想道德与法治"课教学中,道德教育与法治教育可以有机融合于公平、正义、民主等价值信仰教育,统一于思想政治教育的整体目标。第二,两者有机融合可行性的现实条件。从指导思想、政策依据、实践理路、教材教法等多角度展开分析。研究认为:依法治国与以德治国相结合的要求及中央部委的文件,为开展道德教育与法治教育有机融合教学活动提供了指导思想和政策依据;课程目标要求及教材体系设计等为开展有机融合教学活动提供了实践理路;两者在课程属性和内容上具有相关性,通过探寻若干结合点,以解决实际问题为导向开展案例式教学等,已经成为可行模式。

(四)道德教育与法治教育脱节的问题表征及其成因研究

通过历史回顾、理论分析与实证调研,研究认为目前道德教育与法治教育脱节主要表现为以下三个方面:一是教育目标隔离对立与失衡替代。错误定位道德教育与法治教育的学科属性,不但道德教育目标和法治教育目标都出现了偏差,而且由此造成了两个教育目标的相互隔离乃至相互对立;错误定位道德教育与法治教育的平等重要性,道德教育目标与法治教育目标权重失衡,用一种教育目标替代另一种教育目标。二是教育内容编排反复与安排失衡。"05 方案"实施以来,不同版本的教材在内容编排上出现融合与分离的反复,教师依据教材进行教学内容体系的再创造融合不足。三是教育教学方式方法选择与综合运用不够。使用单一教学方法讲授单一教学内容的情况比较普遍,而综合使用专题教学法、比较教学法、案例教学法、情景教学法、实践教学法等方法开展有机融合教学的努力明显不足。

本书将上述问题的成因归结为以下三个方面:误读教材体系的编排逻辑和变化意图、教师学科背景与知识体系制约,此为直接缘由;对道德教育与法治教育有机融合的目标及重要性认识不够、内涵理解存在认识分歧，此为深层根源；缺少教学课时和内容量化安排规定、考评奖惩细则缺失，此为制度因素。

（五）促进道德教育与法治教育有机融合的推进路径

由于道德教育与法治教育脱节的成因复杂，因此，促进两者的有机融合既需要具体问题具体分析，也需要针对问题产生的深层根源、直接缘由和制度性因素采取如下综合对策措施。

第一，统一思想认识，明确有机融合教育的科学内涵与基本原则。道德教育与法治教育有机融合的要义不在于将教材的所有知识内容都做拼盘式处理，而在于以解决大学生面临的现实问题为导向，通过比较分析将两者有机统一于对大学生的整体素质教育和能力教育，上升为统一的政治思想信仰教育。因此，在实际教学活动中至少要坚持比较融合教育原则、层次融合教育原则、问题式融合教育原则和实践式融合教育原则。第二，构建系统的教学内容体系，采用恰当的有机融合教育模式与方法。要认真分析“05 方案”实施后教材内容体系的修改变化情况，深刻领会教材内容体系设计由“知识拼盘式”向“素质能力式”转化的精神实质，通过找准若干结合点，精心设计教学方案，做好教材内容体系向教学内容体系的转化工作。在此基础上，要积极探索和运用案例式、情景式、问题式、实践式等多种教学模式与方法，以实现知识教育融合、素质教育融合与能力教育融合的多重教学目标。第三，量化教学课时安排与教学内容容量，建立有机融合教育的保障制度。最新的修订版教材似乎重回了思想道德与法律三大板块的内容编排体系，虽然课程目标明确了有机融合教育要求，但没有具体的制度性规范要求。这就需要教师主动研究确定集中开展有机融合教育的教学课时数量和内容容量，并作为制度性的量化规定主动执行，否则，有机融合教育就会流于形式，甚至成为空谈。

（六）提供道德教育与法治教育有机融合教学案例

以上文理论研究成果为依据，笔者精心挑选 16 个经典案例进行阐述分析，希望从实践操作层面为开展道德教育与法治教育有机融合教学活动提供有益借鉴。

第一章　道德教育与法治教育有机融合的理论透视

第一节　道德与法律

一、何谓道德?

依据马克思主义基本原理,道德从本质上而言是一种反映和调节物质利益关系的社会意识形态,属于上层建筑的范畴。我国著名的马克思主义伦理学家罗国杰先生指出:“道德作为一种上层建筑和意识形态,反映人们社会关系的一个特殊方面,是通过人们的意识而形成的思想的社会关系,它同上层建筑的其他部分一样,也是受物质的社会关系制约的。”①因此,通常认为道德是人们共同生活应该遵守的行为准则与规范,主要通过风俗习惯、社会舆论和道德主体自律的方式对社会生活起约束作用,对于调节社会成员关系、保障社会和谐有序、推动社会个体健康发展等具有重要现实意义。然而,古今中外关于道德的起源、类型、本质与功能等的观点莫衷一是。马克思从历史唯物主义和辩证唯物主义的基本观点出发,注重从物质生产实践活动和利益关系的视角,科学揭示了道德的内涵与实质。②

(一) 道德起源于人类的物质生产实践

关于道德的起源,除去近现代以前道德起源的人性先天论、神明天启说、宗

---

① 罗国杰:《马克思主义伦理学》,人民出版社 1982 年版,第 64 页。

② 本部分内容摘取自本书作者已经发表的论文:《论马克思道德观的辩证批判性特质及其当代价值——基于“利益”与“道德”关系的视角》,载《马克思主义研究》2019 年第 12 期;《马克思道德观的辩证性及其时代价值》,载《理论视野》2018 年第 10 期。

教戒律论之外，在马克思恩格斯所处的时代，关于这一论题的观点依然众说纷纭。康德创立了独特的道德神学理论，虽然认识到不是宗教导致道德，而是道德导致宗教，但认为道德来源于人脑中先验存在的“纯粹理性”，个人心中的道德律令来自理性本身的善良意志。黑格尔虽然看到了人的社会性，但把道德视为脱离人而独立存在的“绝对精神”的产物。杜林认为道德来源于人的欲望和感觉，把道德视为人之社会愿望观念的产物，人类具有“协调一致”的永恒道德本能和道德行为。费尔巴哈被恩格斯批判为“半截子的唯物主义者”，虽然在自然观上坚持了唯物主义，但在历史领域把人与人之间的关系抽象化，试图用“普遍的人类之爱”代替道德的上帝起源论，实际上没有看到道德关系背后的物质利益根源。因此，恩格斯明确指出：“我们一接触到费尔巴哈的宗教哲学和伦理学，他的真正的唯心主义就显露出来了。”①在恩格斯那里，尽管上述关于道德来源的观点各异，但本质上都可以归结为观念或精神，归属唯心主义范畴，无法解释纷繁复杂的社会道德现象：“费尔巴哈的道德论是和它的一切前驱者一样的……而在现实世界面前，是和康德的绝对命令一样软弱无力的。”②

马克思恩格斯在批判唯心主义和旧唯物主义道德起源论的基础上，从物质生产和社会实践的角度出发，深入探究了作为调节人与人之间关系的道德背后的物质性和实践性，从而科学阐述了道德的真正物质实践来源。在马克思恩格斯那里，通过生产劳动获取物质需要是人类生存和创造历史的基本前提条件，而“生命的生产，无论是通过劳动而生产自己的生命，还是通过生育而生产他人的生命，就立即表现为双重关系：一方面是自然关系，另一方面是社会关系”③。也就是说，人们在从事物质生产和自身生产过程中必然会产生利益关系，进而形成丰富多样的社会关系，为调节利益冲突和社会关系，就逐渐产生了一些行为准则和观念规范。恩格斯在与马克思合著的《德意志意识形态》中指出：“人们的想象、思维、精神交往在这里还是人们物质行动的直接产物。表现在某一民族的政治、法律、道德、宗教、形而上学等的语言中的精神生产也是这样。”④恩格斯在《反杜林论》中进一步指出：“人们自觉地或不自觉地……从他们进行生产和交换的经济关系中，获得自己的伦理观念。”⑤易而言之，道德不是超越于物质现实的天启神明、人性精神、先验存在或主观臆想，而是在人类从事物质生产过程中调节人与人、社会及自然关系的产物，与经济基础、社会实践、现实生活有密不可分

① 《马克思恩格斯文集》(第 4 卷)，人民出版社 2009 年版，第 287 页。

② 《马克思恩格斯文集》(第 4 卷)，人民出版社 2009 年版，第 294 页。

③ 《马克思恩格斯文集》(第 1 卷)，人民出版社 2009 年版，第 532 页。

④ 《马克思恩格斯文集》(第 1 卷)，人民出版社 2009 年版，第 524 页。

⑤ 《马克思恩格斯文集》(第 9 卷)，人民出版社 2009 年版，第 99 页。

的联系。虽然道德是产生于人脑中的观念和意识，但“人们的观念、观点和概念，一句话，人们的意识，随着人们的生活条件、人们的社会关系、人们的社会存在的改变而改变”[①]。就此，马克思恩格斯揭开了长期以来笼罩在道德表面神秘莫测的面纱，揭示了道德产生的物质基础，展现了道德产生的社会实践来源。简言之，道德来源于产生物质利益的生产和交换的经济关系。

（二）利益是道德的基础，道德具有物质和精神双重属性

关于道德的形成基础，马克思批判了道德纯粹精神论，强调利益是道德的基础。马克思本身并不否认道德是人类独有的精神现象，明确指出道德是上层建筑的重要组成部分，是一种具有相对独立性的人类精神和社会意识形态，乃至认为“道德的基础是人类精神的自律”[②]。但是，马克思明确反对把道德视为纯粹的精神现象，强烈批判任何脱离社会现实利益的道德观，这其中包括宗教道德观、各种唯心主义道德观和掩盖了阶级利益差别的所谓永恒不变的道德观。宗教把人类社会的道德归之于“神制”戒律，排斥人的理念和个性，劝导人们抛弃对现实世界的物质利益追求，信仰神的万能精神力量。马克思对其进行了严厉批判：“宗教是被压迫生灵的叹息，是无情世界的情感，正像它是无精神活力的制度的精神一样。宗教是人民的鸦片。”[③]马克思恩格斯还深刻批判了康德以“善良意志”为标志的唯心主义先验论道德观，认为康德把道德视为绝弃现实物质利益的高尚精神，具有极大的虚幻性和危害性：“康德只谈‘善良意志’，哪怕这个善良意志毫无效果他也心安理得，他把这个善良意志的实现以及它与个人的需要和欲望之间的协调都推到彼岸世界。康德的这个善良意志完全符合于德国市民的软弱、受压迫和贫乏的情况，他们的小眼小孔的利益始终不能发展成为一个阶级的共同的民族的利益，因此他们经常遭到所有其他民族的资产阶级的剥削。”[④]为极力掩盖阶级利益的差别，统治阶级的思想家往往以“使命、职责、任务、理想”等把统治阶级的道德描绘成代表全民利益的道德。马克思恩格斯对此批判说：“统治阶级的思想家或多或少有意识地从理论上把它们变成某种独立自在的东西，在统治阶级的个人的意识中把它们设想为使命等等；统治阶级为了反对被压迫阶级的个人，把它们提出来作为生活准则，一则是作为对自己统治的粉饰或意识，一则是作为这种统治的道德手段。……他们必然会把事物本末倒置，他们认为自己的思想是一切社会关系的创造力和目的，其实他们的思想只是这些社会

① 《马克思恩格斯文集》（第 2 卷），人民出版社 2009 年版，第 50-51 页。
② 《马克思恩格斯全集》（第 1 卷），人民出版社 1956 年版，第 15 页。
③ 《马克思恩格斯文集》（第 1 卷），人民出版社 2009 年版，第 4 页。
④ 《马克思恩格斯全集》（第 3 卷），人民出版社 1960 年版，第 211-212 页。

关系的表现和征兆。”[①]

马克思恩格斯批判道德的纯粹精神论与强调道德的物质利益本质是有机统一的。马克思恩格斯认为人是物质的存在，也有精神追求，但道德作为人类独有的精神现象，既不是来源于神明天启，也不是人之纯粹理性思辨的产物，而是来源于调节人与人之间物质利益的需要。马克思恩格斯认为道德的产生、发展和实现都离不开物质利益的作用，都受到物质利益的制约和影响，明确指出满足人的基本物质生活需要是人类历史的第一个无条件的前提，也是“人类社会”存在的无条件的前提：“我们首先应当确定一切人类生存的第一个前提，也就是一切历史的第一个前提，这个前提是：人们为了能够‘创造历史’，必须能够生活。但是为了生活，首先就需要吃喝住穿以及其他一些东西。”[②]就此，马克思恩格斯明确肯定了物质利益之于道德存在的先决性和决定性价值：“利益是整个道德的基础”[③]。具体而言，从道德观念形成的来源看，道德来源于产生物质利益的生产和交换的经济关系。恩格斯明确指出：“人们自觉地或不自觉地，归根到底总是从他们阶级地位所依据的实际关系中——从他们进行生产和交换的经济关系中，获得自己的伦理观念。”[④]从道德内容、形式及性质的发展变化看，道德随着生产力与生产关系相统一的“物质生活的生产方式”、经济结构和社会关系的变化而变化。马克思指出：“人们在自己生活的社会生产中发生一定的、必然的、不以他们的意志为转移的关系，即同他们的物质生产力的一定发展阶段相适合的生产关系。这些生产关系的总和构成社会的经济结构，即有法律的和政治的上层建筑竖立其上并有一定的社会意识形式与之相适应的现实基础。物质生活的生产方式制约着整个社会生活、政治生活和精神生活的过程。”[⑤]“道德、宗教、形而上学和其他意识形态，以及与它们相适应的意识形式便不再保留独立性的外观了。它们没有历史，没有发展，而发展着自己的物质生产和物质交往的人们，在改变自己的这个现实的同时也改变着自己的思维和思维的产物。不是意识决定生活，而是生活决定意识。”[⑥]“一切以往的道德论归根到底都是当时的社会经济状况的产物。而社会直到现在是在阶级对立中运动的，所以道德始终是阶级的道德。”[⑦]从道德最终实现的条件看，物质利益的充分满足是道德最终实现的

---

① 《马克思恩格斯全集》(第 3 卷)，人民出版社 1960 年版，第 492 页。
② 《马克思恩格斯选集》(第 1 卷)，人民出版社 2012 年版，第 158 页。
③ 《马克思恩格斯全集》(第 2 卷)，人民出版社 1957 年版，第 167 页。
④ 《马克思恩格斯文集》(第 9 卷)，人民出版社 2009 年版，第 99 页。
⑤ 《马克思恩格斯选集》(第 2 卷)，人民出版社 2012 年版，第 2 页。
⑥ 《马克思恩格斯选集》(第 1 卷)，人民出版社 2012 年版，第 152 页。
⑦ 《马克思恩格斯选集》(第 3 卷)，人民出版社 2012 年版，第 471 页。

基本条件。恩格斯指出，人们“追求幸福的欲望只有极微小的一部分可以靠观念上的权利来满足，绝大部分却要靠物质的手段来实现”①。

（三）利益并非道德的唯一单向决定因素，道德对利益具有反作用

马克思强调物质利益是道德的基础，是否意味着马克思把物质利益看作决定道德的唯一因素？道德就完全是被动的从属性的呢？答案是否定的。马克思强调物质对道德的决定性作用，意在批判统治阶级遮蔽和掩饰道德的阶级利益属性，把道德作为统治被压迫阶级的麻醉剂和精神鸦片。马克思是从“归根到底”意义上说物质利益决定道德的，事实上从未将物质利益作为决定道德的唯一因素。针对当时一些人形而上学地把马克思道德观歪曲为“经济决定论”或“技术决定论”的错误，恩格斯明确指出：“根据唯物史观，历史过程中的决定性因素归根到底是现实生活的生产和再生产。无论马克思或我都从来没有肯定过比这更多的东西。如果有人在这里加以歪曲，说经济因素是唯一决定性的因素，那么他就是把这个命题变成毫无内容的、抽象的、荒诞无稽的空话。”②在马克思恩格斯那里，道德受一定社会历史阶段经济基础、社会关系、文化传统和社会习俗等综合因素的影响。因此，道德不仅具有阶级性和实践性，还具有历史性、民族性和习俗性。恩格斯在批判杜林所谓善恶道德标准绝对论时，对马克思道德观进行了比较系统的阐释，明确指出：“善恶观念从一个民族到另一个民族、从一个时代到另一个时代变更得这样厉害，以致它们常常是互相直接矛盾的。”③正是在这个意义上，恩格斯才强烈反对杜林“竟在旧的阶级社会中要求在社会革命的前夜把一种永恒的、不以时间和现实变化为转移的道德强加给未来的无阶级的社会”④，明确表明“拒绝想把任何道德教条当做永恒的、终极的、从此不变的伦理规律强加给我们的一切无理要求，这种要求的借口是，道德世界也有凌驾于历史和民族差别之上的不变的原则”⑤。

实际上，恩格斯在晚年特别重视阐释经济基础与上层建筑之间的辩证关系，认为两者之间并不必然体现为相互排斥的关系，而是共同作用于社会的变革发展。在论述经济运动与政治运动的关系时，一方面，恩格斯强调“经济运动是最强有力的、最本原的、最有决定性的”⑥；另一方面，恩格斯又明确指出“它也必定

---

① 《马克思恩格斯选集》（第 4 卷），人民出版社 2012 年版，第 245 页。
② 《马克思恩格斯文集》（第 10 卷），人民出版社 2009 年版，第 591 页。
③ 《马克思恩格斯选集》（第 3 卷），人民出版社 2012 年版，第 469-470 页。
④ 《马克思恩格斯选集》（第 3 卷），人民出版社 2012 年版，第 471 页。
⑤ 《马克思恩格斯选集》（第 3 卷），人民出版社 2012 年版，第 471 页。
⑥ 《马克思恩格斯文集》（第 10 卷），人民出版社 2009 年版，第 601 页。

要经受它自己所确立的并且具有相对独立性的政治运动的反作用"①,道德等社会意识形态"受到迄今为止一切历史阶段的生产力制约同时又反过来制约生产力的交往形式,就是市民社会"②。易而言之,马克思恩格斯通过揭示市民社会同生产力与生产关系之间的本质联系,超越了亚当·斯密私人利益驱动社会发展的单一要素论,指出利益与道德都可以具有推动社会发展的作用。这实际上也就指明了道德与物质利益之间的辩证关系,即利益决定道德,但与此同时,道德对利益具有反作用。马克思恩格斯明确指出,"人们是自己的观念、思想等等的生产者"③,道德等社会意识形态是由人创造并服务于人自身及社会发展的,道德本身体现着人的主体性和能动性,道德等意识形态"对经济基础发生反作用,并且能在某种限度内改变经济基础"④。关于道德的能动作用,恩格斯明确指出,道德"或者为统治阶级的统治和利益辩护,或者当被压迫阶级变得足够强大时,代表被压迫者对这个统治的反抗和他们的未来利益"⑤。道德可以成为资产阶级维护资本主义统治和剥削阶级利益的工具,也可以成为无产阶级开展阶级斗争和获取自身利益的武器,这一关于道德对利益具有反作用的表述再清晰不过了。

(四)道德具有一般本质属性和特殊本质属性

总体而言,道德是规范个人行为和调整社会关系的社会治理工具,是一种意识形态,属于上层建筑的范畴。但是,马克思恩格斯认为作为意识形态本质的道德具有一般性和特殊性之别。所谓道德本质的一般性,即道德作为服务全体社会成员的意识形态,不带有阶级性和政治统治的性质。马克思恩格斯强烈反对脱离社会经济基础的空洞道德说教,认为道德本质上是基于经济基础和物质利益,为调整人与人之间关系而概括出来的行为准则规范,直接目标指向是维护社会秩序、调整社会关系,根本目标是调节利益关系。在人类社会形成之初,生产力极端低下,生产资料公有,平均分配劳动产品,个人高度依赖集体,个人利益和集体利益是融为一体的。因此,原始社会要求氏族和部落成员人人劳动、自由平等、团结互助,把无条件服从和维护共同利益视为神圣道德义务。主要通过风俗习惯、禁忌传统和宗教戒律等形式呈现的原始社会道德,是服务于全体社会成员和整个社会发展的。只是随着社会分工的出现,特别是剩余产品和私有制的产

---

① 《马克思恩格斯文集》(第10卷),人民出版社2009年版,第597页。

② 《马克思恩格斯文集》(第1卷),人民出版社2009年版,第540页。

③ 《马克思恩格斯选集》(第1卷),人民出版社2012年版,第152页。

④ 《马克思恩格斯选集》(第4卷),人民出版社2012年版,第611页。

⑤ 《马克思恩格斯选集》(第3卷),人民出版社2012年版,第471页。

生，人类进入阶级社会以后，个人利益与集体利益之间的矛盾渐趋激烈，此时的道德才具有了维护特定阶级利益的性质。到了未来消灭了阶级的共产主义社会，道德作为服务于全体社会成员的工具，依然有存在的必要性，这时的道德才是“真正人的道德”。

在阶级社会，统治阶级总是把维护自身利益的道德说成是代表全民利益的道德，马克思恩格斯对此进行了批判，深刻揭示了道德本质的特殊性。所谓道德本质的特殊性，即道德具有阶级性，是体现和服务于特定阶级利益的一种意识形态。在论及阶级社会的道德时，恩格斯断定：“一切已往的道德论归根到底都是当时的社会经济状况的产物。而社会直到现在是在阶级对立中运动的，所以道德始终是阶级的道德。”①马克思恩格斯还明确指出，尽管在阶级社会中同时存在着统治阶级的道德和被统治阶级的道德，但占统治地位的始终是统治阶级的道德，这种道德本质上是阶级统治的工具，而这一特殊性常常被统治阶级蓄意掩盖：“统治阶级为了反对被压迫阶级的个人，把它们提出来作为生活准则，一则是作为对自己统治的粉饰或意识，一则是作为这种统治的道德手段。”②马克思恩格斯还进一步分析指出，统治阶级之所以能够把道德变成统治的工具，是因为“支配着物质生产资料的阶级，同时也支配着精神生产资料，因此，那些没有精神生产资料的人的思想，一般地是隶属于这个阶级的”③。换言之，在经济基础中占据统治地位的阶级，同时在道德领域也占据统治地位，一定社会占据主流意识形态的道德必然反映该时代统治阶级的利益需求，成为阶级统治的工具。

二、何谓法律？

全面理解法律的内涵，需要对中西方关于法律认识的异同做比较分析，特别需要理解和掌握马克思主义法律观的核心内涵。一方面，在近现代社会，中西方关于法律体系类型、基本特征、功能作用等方面的界定和描述有很多统一的地方。就法律体系类型而言，中西方大致有以下共识：在世界历史发展的长河之中曾经存在着五大法律体系，即欧洲大陆法系、英美法系、亚洲中华法系、伊斯兰法系、印度法系等；现行世界法律体系则主要是以大陆法系、英美法系为代表的西方资本主义国家法律体系，以及第二次世界大战结束后依据马克思主义法律思想所构建形成的社会主义法律体系两种主要类型；以区域及其作用范围为划分

① 《马克思恩格斯文集》(第 9 卷)，人民出版社 2009 年版，第 99-100 页。
② 《马克思恩格斯全集》(第 3 卷)，人民出版社 1960 年版，第 492 页。
③ 《马克思恩格斯文集》(第 1 卷)，人民出版社 2009 年版，第 550 页。

标准，法律可以分为国内法与国际法两类；以具体调节对象及其作用范围来进行划分，法律主要包括宪法、刑法、民法、行政法、经济法等上百种类型。就法律的特征而言，中西方都认为法律不仅是具有明确文本表述、特定调节对象范围、最为严谨的行为规范，而且还是以国家强制性力量保证其实施的准则规范，具有规范性、公正性、强制性。就法律的一般功能描述而言，中西方都认为法律具有五大基本功能，分别是指引功能、评价功能、教育功能、预测功能、强制功能，强调法律是调节社会群体各项权益、保障社会整体性公平正义、惩处与预防各类违法犯罪行为、促进社会发展的重要制度利器。

另一方面，关于法律起源、本质及其特殊功能等的认识界定，马克思主义法律观与西方的法律观又有重大区别。特别是在法律是否具有阶级性、法律为谁服务、法律维护谁的利益等一些重大问题上，中西方在理解和认识上存在根本性不同。现阶段，我国依据马克思主义的基本观点，将法律的基本概念界定为："法律是由国家制定或认可并以国家强制力保证实施的，反映由特定物质生活条件所决定的统治阶级意志的规范体系。"[①]以下就马克思主义法律观做简要论述。

（一）法律根源于物质生产实践，是市民社会、阶级与国家的伴生物

在马克思主义法律观形成之前，关于法的起源众说纷纭，莫衷一是。除神创论之外，自然法学派将其归之于维系宇宙和谐秩序的公平、正义、理性，认为它不是人类和国家后天制订的协议，而是存在于人内心的天然之物，强调实在法（人定法）应服从自然法。历史法学派反对自然法学派的观点，将法律的起源归之于世代相传的"民族精神"，认为法律渊源首先是各民族的习惯，是随着历史的发展而自发地产生和发展起来的。马克思恩格斯认为这些观点都是唯心主义的，是抽象思维的结论，没有看到物质的决定性作用。虽然法律是由人创制的，好像纯粹是人类精神的产物，但实际上是人类历史发展到一定阶段调节物质生产关系的产物，根本上而言是物质生产实践的产物。马克思恩格斯明确指出："思想、观念、意识的生产最初是直接与人们的物质活动，与人们的物质交往，与现实生活的语言交织在一起的。人们的想象、思维、精神交往在这里还是人们物质行动的直接产物。表现在某一民族的政治、法律、道德、宗教、形而上学等的语言中的精神生产也是这样。"[②]具体而言，人类为了繁衍生息需要结成一定的共同体，形成一定的生产关系，在没有阶级和国家的原始社会，生产关系主要靠风俗禁忌、传

---

① 本书编写组：《思想道德修养与法律基础（2018 年修订版）》，高等教育出版社 2018 年版，第 139 页。

② 《马克思恩格斯选集》（第 1 卷），人民出版社 1995 年版，第 72 页。

统习惯和道德规范来调节。生产力发展到一定阶段，开始出现剩余劳动和社会分工，进而产生了生产资料的私有制，少数占统治地位的阶级为了维护自身的利益，开始制造"明文的规则"，并以国家利益和全民利益的名义将其"神圣化"，这便是法律产生的真正源头。

马克思恩格斯在《1844年经济学哲学手稿》《神圣家族》《政治经济学批判》《家庭、私有制和国家的起源》等著作中，对法律的起源有详细而深刻的描述。马克思恩格斯明确指出："私法是与私有制同时从自然形成的共同体的解体过程中发展起来的"①，"法的关系正像国家的形式一样，既不能从它们本身来理解，也不能从所谓人类精神的一般发展来理解，相反，它们根源于物质的生活关系"②。进而言之，法律是在天然共同体解体后，各种市民社会共同体利益出现对立矛盾，为了维护特殊群体或统治集团利益特权，以国家和全面利益面目的形式出现的。马克思恩格斯明确指出："较早时期的利益，在它固有的交往形式已经为属于较晚时期的利益的交往形式排挤之后，仍然在长时间内拥有一种相对于个人而独立的虚假共同体（国家、法）的传统权力，一种归根结底只有通过革命才能被打倒的权力。"③关于市民社会、国家及法律三者的关系，不是国家与法决定市民社会，而是市民社会决定国家与法。④ 总而言之，马克思恩格斯认为，生产资料所有制性质变化、生产力和生产关系发展是法律产生的深层根源；法律产生的直接原因是维护特殊集团或特定统治阶级的利益；法律与市民社会、阶级及国家是相伴相生的，而不是从来就有的。

（二）法律本质上是维护统治阶级利益的工具

针对统治阶级特别是资产阶级将法律美化为维护全民利益的工具，马克思通过批判鲍威尔颠倒国家与市民社会关系的错误，明确指出国家作为一种虚幻的共同体形式，是异化的社会关系对个人统治的一种典型形式。马克思恩格斯明确指出："只有政治上的迷信还会妄想，市民生活必须由国家来维系，其实恰恰相反，国家是由市民生活来维系的。"⑤马克思恩格斯还指出，法律实际上是统治阶级自由意志的表达，在社会经济关系中占统治地位的阶级"除了必须以国家的形式组织自己的力量外，他们还必须给予他们自己的由这些特定关系所决定的

---

① 《马克思恩格斯文集》（第1卷），人民出版社2009年版，第584页。

② 《马克思恩格斯文集》（第2卷），人民出版社2009年版，第591页。

③ 《马克思恩格斯文集》（第1卷），人民出版社2009年版，第576页。

④ 李龙，凌彦君：《马克思主义法学的发源地——〈黑格尔法哲学批判〉解读》，载《理论月刊》2015年第3期，第27页。

⑤ 《马克思恩格斯文集》（第1卷），人民出版社2009年版，第322页。

意志以国家意志即法律的一般表现形式"[①]。这就是说，马克思恩格斯除了阐释法律产生的客观历史必然性之外，还特别指出了法律作为上层建筑具有的主观属性。资产阶级宣扬的法律面前人人平等、法律神圣不可侵犯，在推翻封建制度的革命过程中确实起到过凝聚革命力量的巨大作用。但一旦资本主义制度建立以后，资产阶级作为统治阶级占有生产资料，资产阶级制定的法律随即成为维护资产阶级特殊利益的工具，而工人阶级作为无产者就无法真正享受到法律的保障，法律成了新的桎梏。

恩格斯深刻揭露了资产阶级国家法律"圣神性"与"公正性"的虚假面目，明确指出了其服务于资产阶级的本质："对资产者来说，法律当然是神圣的，因为法律是资产者本身的创造物，是经过他的同意并且是为了保护他和他的利益而颁布的。资产者懂得，即使个别的法律对他特别不利，但是整个立法毕竟是保护他的利益的，而最重要的是，法律的神圣性，由社会上一部分人积极地按自己的意志规定下来并由另一部分人消极地接受下来的秩序的不可侵犯性，是资产者的社会地位的最强有力的支柱。"[②]与此同时，对于无生产资料、处于受剥削受压迫地位的无产阶级而言，"法律对他来说是资产者给他准备的鞭子，因此，不是万不得已工人是不会诉诸法律的"[③]。恩格斯通过考察英国工人阶级的状况及英国的执法、司法情况，进一步明确指出，英国法律的执行实际上比法律本身还要不人道得多，司法也同样体现着对资产者权利的维护。"'法律压榨穷人，富人支配法律'和'对穷人是一条法律，对富人是另外一条法律'。"[④]

（三）"真正的法律"的价值指向是保护人民的自由与利益

在马克思那里，既往一切阶级社会的法律，都是打着国家旗号的少数统治阶级自由意志的表达，维护的是少数统治阶级的利益，这是传统国家制度确立与法律实行的基本逻辑。马克思强调必须推翻和废除资产阶级国家法律，构建社会主义国家法律，只有这种"真正的法律"才能保障广大劳动人民的自由和利益。马克思指出，在真正的民主制国家，不是人为法律而存在、受法律的压制，而是法律为人而存在、保护人的自由。关于法与自由的关系，马克思批判地借鉴了黑格尔的理论，明确指出："法律不是压制自由的手段，正如重力定律不是阻止运动的手段一样"；"法律是肯定的、明确的、普遍的规范……是人民自由的圣经"；"法律

---

① 《马克思恩格斯全集》(第3卷)，人民出版社1960年版，第378页。
② 《马克思恩格斯文集》(第1卷)，人民出版社2009年版，第462页。
③ 《马克思恩格斯文集》(第1卷)，人民出版社2009年版，第462页。
④ 《马克思恩格斯全集》(第3卷)，人民出版社2002年版，第583页。

只是在自由的无意识的自然规律变成有意识的国家法律时才起真正法律的作用。哪里的法律成为真正的法律，即实现了自由，哪里的法律就真正实现了人的自由”[①]。马克思的这些经典论断表明，法律作为一种肯定的、明确的、普遍的行为规范，它要求享受个人自由不能妨碍他人的自由，遵守法律是为了扩大与促进人的自由，最终走向“个人的自由为一切人自由创造条件”的美好共产主义社会。

马克思特别强调，从本质上而言法律关系是围绕人与人之间的利益关系构成的，反映的是一种“法权关系，是一种反映着经济关系的意志关系”[②]。也就是说，法律的主体是平等的人，法律与自由、经济利益之间存在着不可分割的密切联系。马克思明确指出：“他们起初在交换行为中作为这样的人相对立；互相承认对方是所有者，是把自己的意志渗透到自己的商品中去的人，并且只是按照他们共同的意志，就是说实质上是以契约为媒介，通过互相转让而互相占有。这里边已有人的法律因素以及其中包含的自由因素。”[③]但是，资本主义社会生产资料私有制导致了人与人、人与物、人与劳动等的全面关系异化，人与人之间因为有无生产资料处于不同的经济地位，人自身也异化了，“个性的个人”已经不复存在。同时，经济基础决定上层建筑，作为上层建筑的资产阶级法律无疑只保护资产阶级的自由和利益，资产阶级法律上所讲的人人平等就只能是空话。因此，马克思恩格斯深刻揭露并强烈批判了资产阶级法律的虚假性，明确指出无产阶级革命就是要推翻敌视人的资产阶级国家制度与法律制度，建立以人民为中心的社会主义法律制度，只有社会主义法律制度才能使无产者作为个性的个人确立下来，才能保障广大劳动人民的自由和利益。

作为社会主义国家，我国始终坚持和发展马克思主义法律思想，逐步形成、完善了中国特色社会主义法律制度，充分彰显了法律的人民性。长期以来，我国法治建设始终坚持以最广大人民群众的根本利益为中心，秉持保护人民自由的价值取向，逐渐形成和完善了以宪法为中心，以民法典、行政法、刑法、监察法、经济法等为主体的中国特色社会主义法律体系。在全面推进依法治国的过程中，我们不断强调将人民性充分融入各类法律条款的制定与司法实践中，积极完善保障人民利益的法律制度，将其与人民群众日常生产生活实践、各级政府部门社会日常治理、国家核心利益维护有机结合。因此，与资本主义国家法律制度相比，我国现行法律制度在科学性、人民性、代表性、真实性和广泛性等方面更加具有显著优势。我们可以自豪地说：“中国特色社会主义国家制度和法律制度是在

---

① 《马克思恩格斯全集》(第 1 卷)，人民出版社 1956 年版，第 71-72 页。

② 《马克思恩格斯全集》(第 23 卷)，人民出版社 1972 年版，第 102 页。

③ 《马克思恩格斯全集》(第 46 卷下册)，人民出版社 1980 年版，第 472 页。

长期实践探索中形成的,是人类制度文明史上的伟大创造。”①

三、道德与法律的关系

关于道德与法律两者之间的基本关系,自古以来就是西方学者讨论最为激烈的话题之一。早在古罗马时代,著名法学家西塞罗在探讨道德与法律的基本关系时就曾提出“法是善的促进者和恶的抑制者”的著名论断。② 但是,在探讨道德与法律两者关系的过程中,西方大多数研究者的观点尚未统一,存在诸多分歧与争论。比较典型的观点主要来自欧洲两个重要的法哲学派别。一是以霍布斯、洛克、孟德斯鸠、卢梭为首的西方自然法学派所提出的观点。该学派以道德作为起点,认为法律存在的依据是道德,一切其他的法则的制定都必须遵守道德法则,道德法则构成现成法的基础。这种观念在本质上是从理论生成关系的角度来探讨法律与道德的关系,即道德是法律生成的理论依据以及实践是否科学的现实评判标准。二是以奥斯丁、孔德、凯尔森和哈特等为代表的实证法学派关于道德与法律之间关系的经典论述。与自然法学派的观点相反,该学派认为法律本身具有相对独立性,对具体法律条款和司法实践的评价要脱离道德标准的束缚,必须纯粹以法律条款的具体规定来客观评价实际法律案件。在立法方面,实证学派还强调立法活动的开展要切实考虑到公民个人与社会发展的各项利益,而不是仅仅以社会道德标准作为法律条款设定的基本依据。

纵观上述两个不同流派的观点,要么过于模糊了道德与法律的区别,要么过于强调道德与法律的区别,忽略了两者在本质一致性、功能互补性、内容转化性等方面所存在的有关联系。也就是说,在道德与法律关系的阐释方面,无论是自然法学派的观点,还是实证法学派的观点,都有失偏颇,不够科学全面。因此,正确理解道德与法律的关系,除了从一般意义上立足于马克思主义的对立统一理论、把握道德与法律的区别与联系外,还要特别注意以下三个方面。

首先,两者都具有维护阶级统治与社会管理需要的功能。根据历史唯物主义的基本观点,虽然道德与法律产生于不同的历史阶段,体现为不同的意识形态形式,但两者都属于上层建筑的范畴,都建立在一定的社会经济基础条件之上,两者皆是对一定历史环境下物质条件和社会关系的反映,代表和反映一定社会的政治和经济发展方向。具体而言,道德与法律既具有一般意义上服务于整体

---

① 习近平:《论坚持全面依法治国》,中央文献出版社 2020 年版,第 262 页。

② 龙永懋,崔永东:《对道德与法律关系的法哲学思考——美英现代法哲学家论道德与法律关系评析》,载《哲学动态》2003 年第 9 期,第 29 页。

社会发展、调节社会关系的功能，同时在阶级社会中两者都具有明显相同的阶级属性和特殊服务功能。依据马克思主义的基本观点，任何社会的主导思想都是经济上占统治地位阶级的思想，在阶级社会道德和法律都是统治阶级整体意志的映照，两者具有满足于阶级统治与国家管理需要的根本目的。

其次，作为国家和社会的治理工具，道德与法律在功能作用方面体现出相辅相成、相得益彰的基本态势。这主要体现在下述四个方面。第一，道德是法律的评价标准和推动力量。一般而言，法律制定与出台的前提必然是要能够得到一定区域范围内大多数公民在道德意识层面上的认同，符合社会道德观念，否则再规范、再严谨的法律条款和法律体系也无法在全社会得到有效施行。第二，道德对法律具有重要补充效用。一般而言，法律在适用范围和对象方面有局限性，在现实具体司法实践中呈现明显滞后性，导致在一定历史阶段某些社会利益矛盾问题无法通过法律手段来及时进行管控。而由于道德的作用范围和对象远远宽于法律，且具有较强稳定性与可接受性，因此当法律无法解决相关社会矛盾问题时，道德往往能够调和不同利益主体之间所存在的矛盾问题，促进社会稳定和谐发展，有效弥补法律制度在部分社会矛盾调解过程中所出现的滞后问题。第三，法律也能够对道德实现功能补充。一般而言，道德虽然是范围最广的社会准则，但其主要功能是扬善，而止恶性、强制性、惩戒性不足。法律却能够依靠国家强制力量来有效惩恶、预防和制止违法犯罪，弥补道德在该方面所存在的不足，从而推动社会发展更加健康有序。第四，法律可以为道德践行提供制度保障，促进优秀社会道德广泛传播。简而言之，道德与法律是具有内在联系的两种社会价值规范和调控手段，两者之间存在着相互推动的关系。

最后，社会主义道德与法律具有价值目标的高度一致性，道德和法律是推进国家治理能力现代化、社会和谐发展和公民素质提升的两大重要法宝。与资本主义国家少数人统治多数人的社会性质不同，社会主义国家是人民当家做主的国家，社会主义道德和法律体现的是绝大多数人的集体意志，融入了广大人民群众对于美好生活的向往以及有序社会交往关系的基本诉求。例如，现行法律中所强调的公民必须遵纪守法、商人必须诚信经营、政府必须依法行政等具体要求在很大程度上就是道德要求的法制化，有助于约束社会不同领域人员的日常行为，促使他们全面、健康、向上发展。除此之外，现实中相关法律实践活动的开展除了具有惩戒性质以外，还往往带有极其浓烈的道德教化色彩，法律制定与实施的过程往往就是对优秀道德进行再确认与再传播的过程。

第二节 道德教育与法治教育

一、道德教育

通常认为,道德教育具体指的是一定社会、阶级或组织,为了使人们遵循其行为准则,自觉履行对社会整体和他人应尽的义务,而对人们施加系统的道德影响的活动。[①] 易而言之,道德教育在本质上主要是一种对公民进行国家核心价值观与行为规范准则教育的社会实践活动,其根本目的就是要帮助公民在日常生活、工作过程中更加充分明晰、主动自觉践行自身所承担的各项社会义务,成为具备良好道德素质的优秀公民。当然,依据马克思主义的基本观点,道德的阶级性不容忽视。因此,中西方道德教育的内容和目标不尽相同,甚至大相径庭。

虽然就道德教育的价值归旨表述而言,中西方有着相似之处,不同制度下所衍生出的公民道德教育的最终目标都是不断提升全体公民的思想境界水平,促使他们在生产、生活、工作中始终坚守道德规范,成为品德高尚的公民。但是,纵观国内外公民道德教育实践,中西方因政治制度和意识形态差异导致具体教育内容有偏重、教育目标不尽相同。目前,我国道德教育内容主要以社会主义核心价值观教育为核心,对公民进行爱党爱国爱社会主义教育、集体主义教育、中华民族精神教育、优秀传统道德教育、社会主义法治教育,目标在于培养具有较高社会主义道德品质的社会主义合格建设者和可靠接班人。西方资本主义国家主要偏重进行自由主义教育、个体主义教育、宗教教育、人权教育等,目标在于培养秉持自由主义传统、坚信资本主义制度的“积极公民”。

中西方公民道德教育活动的开展方式和组织主体具有多样性和不一致性。目前,我国公民道德教育主要以显性教育方式为主。例如,面对大、中小学生直接开设道德教育课程,具体采用灌输式、引导式、体验式等多种形式,对一般社会公民采用报告会、标语宣传、影视宣传等多种正面教育方式。西方资本主义国家则更多使用隐性教育方式。如,注重在学生的各种通识教育课程中融入道德教育元素,而不是采用直接开设道德教育类课程的方式。依托宗教教义传播来开展公民道德教育活动是西方道德教育的传统方式。西方道德教育的组织主体较

---

① 赵清文:《论道德建设与道德教育的关系》,载《天府新论》2005 年第 2 期,第 27 页。

为单一，主要是学校和教会。我国公民道德教育活动开展的组织主体多元，主要包括党政部门、学校、社会团体、企事业单位等。值得指出的是，在党的统一领导下，高校的道德教育工作不断加强，形成了“三全育人”、思政课程与课程思政相互支撑的良好局面。尤其是党的十八大以来，以习近平同志为核心的党中央高度注重高校学生德育工作现场会，相继提出了一系列有关要求。随着全国教育大会、全国高校辅导员工作现场会、学校思想政治理论课教师座谈会的相继召开及相关文件的出台，“大德育”格局已经基本形成并不断完善。2019 年 8 月，中共中央办公厅、国务院办公厅印发《关于深化新时代学校思想政治理论课改革创新的若干意见》，进一步阐明了现阶段高校学生德育工作实施的重要意义、总体要求、基本原则、保障措施等，“高校德育开启了战略上布局、系统化构建、创造性转化和创新性发展的崭新时代”①。

在全社会广泛开展公民道德教育有重要的现实意义，做好公民道德教育工作，“既是当前经济社会纵深发展的客观诉求，也是塑造个体道德品格的内在需要”②。具体而言，一是从国家发展角度出发，合理构筑公民道德教育体系，及时开展相关教育活动，不仅能够为我国保持社会经济持续稳定发展输送强劲的人才支撑动力，推进中国特色社会主义政治发展更加民主化，而且有利于妥善有效解决多种社会矛盾问题，增强政府的社会治理总体效能。二是就社会个体成员来说，大力推进公民道德教育有利于不断培养符合新时代发展要求的合格公民。例如，不断加强社会公德教育，会帮助公民认识到个人不能作为脱离集体的独立个体而存在，个体、社会和国家是相互联系、相互影响、相互促进的统一体。每个个人在享受各项社会权利的同时，也要充分承担相关道德义务。换言之，社会公德教育有助于增强广大人民群众的社会发展参与意识，激活他们投身道德建设的积极性，有效减少道德冷漠现象，从而更加有助于增强社会发展的总体凝聚力与社会群体创造性。

二、法治教育

法治教育意涵丰富，既指对公民进行法律制度的知识教育，也包括对公民进行法治意识、法治思维、法治行为的培育，目标在于培养尊法、知法、守法、用法的合格现代公民。结合当前的国情，我们可以将法治教育定义为：“法治教育是指

---

① 左殿升，张莉，冯锡童：《新中国成立 70 年来高校德育的发展进程及启示》，载《学校党建与思想教育》2019 年第 19 期，第 22 页。

② 冯永刚：《构建现代公民道德教育体系的必要性及路径选择》，载《教育理论与实践》2017 年第 4 期，第 48 页。

通过对公民进行有目的、有计划、有组织地‘依法治国’方略的宣传和教育，培养和发展公民法治意识及用法治意识指导自己行为的一种活动。”①对于法治教育深层次内涵的把握，可以从教育主体、教育内容、教育方式、教育原则、教育目的等多个方面来展开论述。第一，法治教育主体多元。我国法治教育活动开展的主体主要包括立法机关、执法机关、司法机关、各级各类学校、社区、企事业单位等多个部门。第二，法治教育内容具有多维性，既包括相关法律法规知识，也包括法治意识、法治思维及法治行为的特征及其养成。具体而言，不仅包括国家层面制定的宪法和法律，还包括各级地方人大制定的地方性法规、政府部门制定的各级各类行政法规，以及法律维权实践技能、依法治国基本方略等。第三，法治教育的开展方式多样，主要有电视报刊宣传、情景案例分析、典型模范引领、学校相关课程教学等。第四，法治教育的基本原则包含了法律至上、依法行政、法律面前人人平等、法律制定与实施公开透明化等。第五，法治教育的根本目的就是要促使广大人民群众真正懂得人治与法治的主要区别，不断增强法治意识，养成法治习惯，积极成为明法理、知是非、懂实践的中国特色社会主义合格公民。

全面掌握法治教育的基本内涵，还需要充分厘清法治与法制、法治教育与法制教育之间的区别与联系。目前主流的观点认为，新中国成立 70 多年以来，我国法律体系从无到有，从探索制定法律到逐步严格规范法律运行的过程在很大程度上就是我国从法制转向法治、从法制教育逐步走向法治教育的过程。虽然从词义角度出发，学界关于法制与法治概念的争论尚未平息，但大多数学者皆认为两者在内涵方面基本一致，并没有太大区别。当然，也仍然有部分学者持相反的观点，认为在本质上法治与法制二词还存在着较为明显的区别，并且这种声音在学术研究中不断壮大。这部分学者立足于静态的学术研究视角，认为法制一词仅仅只是法律制度的简称，体现的是各类法律的制定与实施，根本目的指向有法可依。而法治则是一个动态化的词语，更多强调的是法律的日常实践维度，认为法治优于人治。此外，这部分学者还认为，法治与法制在价值指向层面也具有较为明显的区别。这主要体现为，法治是富含价值判断的理想概念，不同阶级在不同的法律实践中对法治有不同的理解，法治更加形象地表达了人们真实的基本价值追求，而非法制在行为规范层面的统一引领。也就是说，法治不仅仅包含了法律制度因素，而且在具体的司法实践中还蕴含着人们的合理化法律诉求，法律制定与实施的作用不仅仅只在于有法可依，而且还包含了良法善治、违法必究等现代文明社会治理理念及价值诉求。关于这一观点，亚里士多德早在《政治学》一书中就着重指出：“法治应包含两重含义：已成立的法律获得普遍的服从，

① 王双群，余仰涛：《法治教育与德治教育的内涵及意义》，载《理论月刊》2006 年第 7 期，第 184 页。

而大家所服从的法律又应该本身是制定得良好的法律。”①

基于以上考察，我们认为法治教育与法制教育在教育内容范围与所要达到的目标等方面同样也不尽相同。一是法治教育的内容更加广泛。法治教育包含了各种法律制度知识、法律至上理念、依法作为等方面的教育内容，偏重于法律知识价值与实践价值的融合。法制教育主要集中于法律知识及其制度体系的认知教育，偏重于法律的工具性价值。二是法治教育所要实现的目标更为宽广。法治教育不仅要帮助社会大众全面实现对国家法律法规有关知识的掌握，促使人们牢固树立起尊法、知法、守法、用法的良好意识和行为习惯，还要帮助人们正确理解和掌握民主与法治的密切关系，树立法治优于人治的现代社会治理理念。法制教育则更多地体现为帮助人们学习和掌握完整的法律制度体系，形成对法律的敬畏之心和规则意识，通过注重提供运用法律的技能培训等方式，防止发生无法可依、有法不依和法律滥用等情况。

三、道德教育与法治教育的关系

从宏观角度而言，道德教育与法治教育作为国家塑造合格公民的两种重要手段，两者在整体上呈现为相辅相成、相得益彰的关系。具体考察道德教育与法治教育两者之间的关系，可以从教育理念、教育内容、教育方式、教育目标等四个方面来展开。

首先，道德教育与法治教育在教育理念方面具有一致性。无论是道德教育还是法治教育，两者在本质上都是对公民进行优秀道德宣传与国家法律法规制度知识普及、合理用法与践德实践技能培养的教育活动。作为覆盖范围最广、学习人员数量最多的社会规范教育类活动，两者必然在教育理念方面有着较强联系。例如，就目前我国公民道德教育与法治教育工作开展的实际情况而言，两者在教育理念方面皆是秉承“以人民为中心”“以人为本”的思想来开展有关工作，始终将道德教育、法治教育作为切实提升人民群众生活幸福感、社会发展获得感的重要途径。其次，道德教育与法治教育在教育内容方面具有相融性。这主要是因为道德与法律本身在所属内容方面存在着较强关联性。正如前文所述，道德是法律生成与获得社会大众认可的基本前提条件，而法律则是以国家强制力保证有关道德得以持续实现的重要手段。这层关系也就决定了公民道德教育与法治教育在教育内容上往往呈现出相互融合、齐头并进，你中有我、我中有你的态势，在实际教育活动开展过程中两者共同发挥着重要的育人作用。再次，道德

① 亚里士多德：《政治学》，商务印书馆1965年版，第199页。

教育与法治教育在教育方式上也同样具有相通性。两者在具体教育实践活动中都强调方法、途径的多样化，注重多渠道育人。最后，道德教育与法治教育的教育目标也趋于一致。这主要体现为，德治与法治一直以来就是保持社会稳定发展、构建和谐人际关系、调整各种利益关系的重要手段。道德教育强调对个体成员道德素养与行为的培育，法治教育则是注重对个体成员法治思维、法律素养、法律行为的锻造，两者在育人目标层面上相互联动，互相补充，推动育人目标更加整体化、系统化，有利于在全社会范围内实现立德树人根本目标，促使广大人民群众真正成为德法兼修、富有高尚道德与法律操守的中国特色社会主义优秀公民。

从微观的视野看，在“思想道德与法治”课教学活动中道德教育与法治教育既有联系也有区别。联系主要体现为以下两个方面。一是两者在总体教学目标上具有一致性。作为“思想道德与法治”课教学内容的重要组成部分，道德教育与法治教育的总体目标都具有“帮助学生增强社会主义法制观念，提高思想道德素质，解决成长成才过程中遇到的实际问题”[①]的共同目标指向。二是两者在育人方式上具有共同性。这主要表现为在课程教学过程中教师往往采用诸如情景教学、课堂研讨、实践教学等方式来向学生传输相关知识，增强其道德及法律意识，培养其道德与法治行为能力。两者不同之处则在于：一是教学内容具有相对的独立性，在“思想道德与法治”课教学过程中道德教育与法治教育因受教材内容模块的影响，教师在教学内容设计及实施时往往自成体系，独立性较为明显；二是培养目标各有侧重，道德教育目标强调的是对学生良好思想品行的教育，而法治教育则是侧重于对其法治思维、法律信仰与法律实践能力的培养，两者目标具有一定的差异。

无论是在国家宏观教育层面，还是在高校“思想道德与法治”课教学微观层面，道德教育与法治教育有机融合都有必要性和重要意义。从国家宏观教育层面而言，由于道德与法律在调节社会关系的层次、方式、功能、范围等方面各不相同，道德所具有的社会关系调节作用在层次、范围方面要比法律广，而法律则是在方式与功能方面比前者强。“法治与德治作为两种不同的治国理政方式处于相互依赖、相辅相成、相得益彰的关系之中，二者必须协同，不可偏废。”[②]因此，推动两者融合发展有助于实现功能互补，形成育人合力，从而有效保障育人活动开展更加具有高实效性。通过德治，国家政权机关可以按照社会绝大部分人群

① 教育部思想政治工作司：《加强和改进大学生思想政治教育重要文献选编（1978—2008）》，中国人民大学出版社2008年版，第423页。

② 戴茂堂，李若瑶：《法治德治协同的逻辑根据与价值取向》，载《湖北大学学报（哲学社会科学版）》2020年第2期，第27页。

所认可的“民俗化”方式妥善解决部分利益关系的矛盾问题，而依靠法治则能够以国家强制力保障的方式依法、依规处理德治所无力调控的某些矛盾，推动整个社会更加和谐、健康、有序地发展。这就意味着要真正实现和谐、健康的社会发展宏伟愿景，国家就必然要促使道德教育与法治教育有机融合，通过融合教育的形式帮助全体公民同时形成德治与法治思维，提升德法兼备的实践能力，促使他们积极为国家良好社会发展环境秩序的构建贡献力量。

从高校“思想道德与法治”课教学的微观层面而言，道德教育与法治教育具有共同的政治价值，以宣扬中国特色社会主义的道德法治为主要内容，以培养大学生正确的政治方向和社会责任感为目标。因此，在高校“思想道德与法治”课程教学过程中做到道德教育与法治教育的有机融合是实现两者共同教育目标的需要，有利于帮助广大高校学生实现能力、素质、个性方面的全面发展，帮助他们学会如何以道德驭生活之术、以法律解危难之急，在全面依法治国的境域中正确寻求到自由发展之路，大力增强道德之基、法治之识、制度之信，成为有品行、全面知法、正确用法的中国特色社会主义合格建设者与可靠接班人。具体而言，在高校“思想道德与法治”课教学过程中推进道德教育与法治教育融合育人，有助于帮助广大学生及时形成合理的法治思维与解决相关问题的能力，尤其是教会他们在评价某些社会道德失范或法律失范问题时能够充分运用所学知识合理对待，正确选择问题评价的道德或法律准则；针对现行“思想道德与法治”课教学过程中所出现的道德教育与法治教育相脱节的问题，最好的解决问题的方式就是推进两者融合发展、协同育人，从而有助于推动课程教学更好地遵循人才培养的现实规律，充分提升课程育人的最终实效；推进道德教育与法治教育融合发展也是培养大学生具有道德与法律综合知识、素质和能力的关键一环，有助于增强课程教学的吸引力，增强大学生学习获得感，促使道德教育与法治教育真正落到实处。

第三节 道德教育与法治教育有机融合的科学内涵

一、有机融合的一般含义

要理清与掌握“有机融合”的一般含义，首先必须要搞清“融合”“有机”等词语的基本定义。“融合”就是融化汇合，合成一体，而“有机”一词最初是化学领域的专业术语，指的是含碳的氢原子连接到碳原子上的化合物的有机溶剂。在日常生活中，“有机”一般也表露出事物的各部分相互协调而不可分，就像一个生物体那样有机联系。将“融合”与“有机”相联系，“有机融合”通常指的是按照一定标准或目标，将两个或两个以上具有一定联系的客观事物紧密结合，使之一体化，共同发挥同向作用的过程。

多个事物要实现有机融合，必须要符合下述有关条件：一是多个事物在基本属性方面保持基本一致或所属区域相同，这是其实现有机融合的必要条件；二是多个事物必须能够在融合的过程中相互吸引、相互促进而非相互排斥、相互对立，这是有机融合构成的基本条件；三是多个事物在有机融合工作完成之后能够共同发挥正向而非负向作用，在相关领域中实现重要价值，这是进行有机融合的目标指引，也是检验有机融合的基本标准。

“有机融合”的基本特征主要表现为长期性、过程性、共同性、价值性等几个方面。其中，长期性指的是多个物质实现有机融合的过程需要较长的“反应”时间或周期，预期效果并不一定能在较短时间内达到。过程性体现为事物有机融合需要经历不同的发展阶段，主要有准备阶段、开展阶段、达成阶段、检验阶段等四个过程。共同性则意味着参与融合的不同有机介质有着共同属性，最终的发展方向是两者相互渗透、包容的属性同构过程。价值性是指不同物质有机融合的最终方向，代表了开展相关工作的根本目的，有用性是重要检验标准。

二、道德教育与法治教育有机融合的多维言说

当前，学界对于道德教育与法治教育有机融合的观点主要从两者有机融合的重要意义、所遇问题、实现机制等方面来展开讨论。首先，学术界以国家、高校思想政治教育、公民教育等层面为切入视角，就道德教育与法治教育融合发展的重要意义进行了相应探讨。一是从国家层面来说，进行道德教育与法治教育有机融合发展有利于建设社会主义法治国家，有利于社会主义道德建设与精神文明建设，有利于建设与发展社会主义市场经济，有利于构建和谐社会。二是从高校思想政治教育工作实际来考察，两者有机融合发展能够有助于积极扩充现行高校思想政治教育工作内容范围，进一步拓展育人工作开展空间，大力增强育人实际效用，促使学生真正知法、懂法、守法、明理、诚信、友善、爱国，逐步成为富有制度自信、道路自信、理论自信和文化自信的新时代中国特色社会主义合格建设者与可靠接班人。三是就公民教育而言，在公民教育过程中积极实现道德教育与法治教育融合发展有助于社会主义核心价值体系育人价值在全社会得到积极践行，帮助广大人民群众更加充分理解与掌握中国优秀传统文化、社会主义先进文化、红色革命文化、中国特色社会主义法律制度，及时构筑他们的法治思维，培

育法治能力，在生活、工作之中进一步扫除其道德与法律盲区，使其自觉真正成为我国社会各领域强劲、和谐、安定发展的重要力量。

其次，在实现机制方面，一是强调道德教育与法治教育内容的有机融合，主要包括民主法治教育、社会热点教育、网络规范教育等内容。二是主张两者在教育目标层面的有机融合，包含了对社会大众道德素养的提升，解决人民群众日常生产、生活实际问题，促进人的全面发展等。三是侧重于教育方式的有机融合，囊括了传统与现代教育方式相融合、优化社会与校园教育环境等方面。

最后，在道德教育与法治教育融合发展所遇到的问题方面，认为两者融合育人与发展的困境主要集中于社会重视程度依然偏低、教育活动开展形式相对单一、教育实效难以达到既定目标等方面，在未来一段时期内亟待解决。

三、“思想道德与法治”课教学中道德教育与法治教育有机融合的具体内涵

高校“思想道德与法治”课教学中道德教育与法治教育的有机融合，应该是两者在教育理念、教育目标、教育内容、教育方法等方面的整体性、结构性交融渗透，体现教育共性与教育个性的有机统一。

第一，道德教育与法治教育有机融合包括教育理念的高度统一。道德教育与法治教育都应坚持“以学生为中心”的教学理念。即在“思想道德与法治”课的教学过程中应始终坚持以广大高校学生的最根本利益为中心，以国家和学生的实际需要为问题导向，以帮助他们有效实现全面、综合、健康、向上发展为初心，展示出社会主义制度下我国高校“思想道德与法治”课开展道德与法治融合育人的根本价值追求和科学育人理念。

第二，道德教育与法治教育有机融合包括教育目标的一致性和完整性。高校“思想道德与法治”课开展道德教育与法治教育有机融合的根本目的在于“帮助学生增强社会主义法制观念，提高思想道德素质”[①]，培养中国特色社会主义合格建设者与可靠接班人。这不仅需要培养学生具有丰富的专业知识和实践本领，更为重要的是增强他们的良好道德素质与法治素养，育人过程既要注重成材教育，更应注重成人教育。道德素质与法治素养是人的综合素质中不可分割的两个重要组成部分，道德教育目标与法治教育目标有机结合，才能培育出有道德、明法理、全面发展的强国人才。

第三，道德教育与法治教育有机融合包括教育内容的相互衔接渗透。教育

① 陈大文:《关于大学生道德教育与法制教育有机结合的探讨》，载《思想理论教育导刊》2011 年第 3 期，第 56 页。

内容是教育活动得以实施的重要基础，是育人目标最终实现的关键因素。道德教育与法治教育在理论上存在相对稳定的功能互补关系，两者相辅相成。而现实中，这种关系的呈现需要以道德教育与法治教育的内容互动来实现。因此，"思想道德与法治"课开展道德教育与法治教育需要以两者内容相结合的方式来对有关问题进行全方位阐释，以达到帮助学生明礼、知法、守法的目标。也就是说，促使道德教育与法治教育真正有机融合，发挥两者的综合育人效力，就必须要从内容融合上下功夫，使两种教育内容有效衔接、相互渗透，合理构建出你中有我、我中有你的教学内容体系。

第四，道德教育与法治教育有机融合包括多种教育方式方法的综合运用。教育方式方法是连接受教育者与教育内容的中介，是保障教学实效性的重要抓手。虽然道德教育与法治教育内容不尽相同，需要各自采用有针对性的方式方法，但是道德教育与法治教育又有相同的内容和共同的目标指向，即使不同的内容也需要比较分析。因此，高校"思想道德与法治"课道德教育与法治教育有机融合的重要内涵之一就是要促成教育方式方法的整合，不仅要充分发挥课堂理论教学的关键作用，而且还应依据道德教育与法治教育的特点综合运用实践教学、案例式教学、情景式教学、网络化教学等富有浓郁时代发展气息的教育教学方式，提升课程教学吸引力，增强育人实效性。

第五，道德教育与法治教育有机融合包括教育共性与教育个性的交融。"思想道德与法治"课教学中道德教育与法治教育有机融合的过程也是两者在教育共性与教育个性交融的体现。这主要是由两者在教育目标、育人方式、育人理念等方面所存在的统一性与差异性所决定的。一方面，就道德教育与法治教育的共性而言，两者都强调在课程日常教学过程之中充分运用诸如实践教学、情景教学、虚拟仿真教学等多种方式，鼓励广大任课教师持续秉承"以学生为中心"的共同教育理念，不断提升教学效果。另一方面，就道德教育与法治教育的个性而言，由于受到目前现行高校思政课程教材内容体系等多因素的影响，广大任课教师在讲授道德教育与法治教育内容的过程之中往往难以将多种具有"中性"特征的教学方式完全贴合于两个不同教育内容之上，在具体操作的过程中也必须结合道德教育与法治教育的教材文本内容来选择能够凸显其自身特色的教学方式，达成各自相对应的教学目标，具有极强的个性化特点。因此，推进道德教育与法治教育有机融合，实质上就是对两者所存共性特点以及个性因素的合理化整合，根本目的就是要促使课程育人更加系统化、更具整体性。

第四节　道德教育与法治教育有机融合的价值意蕴

当前我国正处于努力实现第二个百年奋斗目标，建设社会主义现代化强国的关键时期，同时也是全面推进依法治国与以德治国相结合战略决策的重要时期。公民素质既体现社会的文明程度，也是决定国家发展的重要因素。大学生是民族的希望，更是国家的未来，担负着建设中国特色社会主义事业的重大责任，大学生群体的整体素质直接影响着我国法治社会、文明国家建设的进程。我国历来重视大学生的思想政治教育工作，尤为重视培养、提升大学生的道德素质和法治素养，这是强化国家道德建设与法治建设，推进社会主义现代化建设的必然要求。道德素质与法治素养是大学生综合素质中不可分割的两个重要组成部分，道德与法治是“思想道德与法治”课教学中具有密切联系的两个重要内容。因此，将道德教育与法治教育有机融合起来，才符合教育教学规律，才能形成强大的教育合力，推升教学实效。要之，有机融合是贯彻落实依法治国与以德治国相结合对人才培养的要求，是遵循人才成长规律及其综合素质培养的要求，是提升课程教学效果的要求。易而言之，全面把握和深刻理解道德教育与法治教育有机融合的价值意蕴，不仅有利于直接提升教学实效性，还有利于为推进社会主义现代化国家建设进程提供有力的人才支撑。

一、有利于实现国策战略人才培养目标

依法治国与以德治国相结合的确立，对高校思想政治教育人才培养提出了更明确、更高水平的要求。高校要深入研究大学生的法治教育与道德教育的有机融合问题，不断提升大学生的法治意识和道德修养，为国家的建设与发展培养更多尊法守德、德法兼修的高素质人才。制度需要人来执行，好的治国方略当然需要能贯彻落实的人来实现。大学生作为社会主义事业的未来建设者和接班人，必须明晰道德与法律的价值，重视法治与德治的作用，自觉将道德准则和法律规范作为自己的实践行为指南。思想政治教育只有注重引导大学生对道德和法律的价值认同，强化大学生对德治和法治重要性的认识，实现大学生道德信仰和法治信仰的互通，提升大学生的道德素质和法治素养，才能为实现“依法治国与以德治国”培养高素质人才。因此，充分发挥道德教育与法治教育有机融合的积极力量，有利于为贯彻落实依法治国与以德治国相结合提供人才支撑。

全面推进依法治国与以德治国相结合不仅要求党员干部全面提升道德素质和法治素养，还需要全体公民想问题、办事情时，要时刻以道德要求为基础、以法律要求为准绳。大学生作为国家的精英群体，是贯彻落实依法治国与以德治国相结合的重要力量。开展大学生道德教育与法治教育有机融合教学是贯彻落实依法治国与以德治国相结合的要求。思政课作为对大学生进行法治教育与道德教育的主渠道、主阵地，在法治教育与道德教育的融合方面仍然存在着很多问题。道德教育和法治教育都存在自身的局限性，只有将两者有机融合起来，才能更好地发挥两者的作用。道德教育与法治教育的融合并不是二者简单地相加，而是让道德教育成为法治教育的良好基础，让法治教育为道德教育提供优良的环境，两者相互作用、相互促进。只有两者实现全方位、全方面的融合，才能有效地帮助大学生形成良好的道德修养与法律素质，才能更好地为贯彻落实依法治国与以德治国相结合提供人才支持。

二、有利于实现大学生综合素质培养目标

在"思想道德与法治"课教学中，道德教育的目标侧重于培育大学生的道德观念、道德素养和道德行为能力，促进大学生主动践行社会主义道德规范。法治教育的目标侧重于培养大学生的法治观念、法治思维和法治信仰，促进大学生尊法、守法、用法、护法。虽然两者的侧重点不同，但道德素质与法治素养是大学生综合素质中不可缺少的两个重要组成部分，道德教育目标与法治教育目标共同指向大学生综合素质的全面发展，有共同的政治价值目标，即培养德法兼修的社会主义建设者和可靠接班人。因此，道德教育目标和法治教育目标既不能相互取代，也不能相互排斥，而应该是相互补充、相互支撑、相得益彰的关系。把道德教育与法治教育有机融合起来，力避道德教育和法治教育之间的相互隔离或对立，充分发挥两种教育的合力，是实现大学生综合素质培养目标的必然举措。

素质的含义有狭义和广义之分。狭义上的素质，主要指生理学和心理学中的先天性"遗传素质"，即"有机体天生具有的某些解剖和生理的特性，主要是神经系统、脑的特性，以及感官和运动器官的特点"[①]。广义上的素质，泛指整个主体的现实性，即在先天与后天共同作用下形成的人的身心发展总水平。广义素质的形成和发展是一个长期的过程，是量变产生质变的过程。广义素质具有整体性，不同的素质之间互相联系、相互作用，各项素质能够在生理和心理等各种因素的作用下共同形成一个整体，综合素质就是在该条件下形成的。综合素质

① 朱智贤：《心理学大词典》，北京师范大学出版社 1989 年版，第 70 页。

一般指人们自身所具有的各种生理、心理的特点，以及内在涵养和外在行为等方面较为稳定的特点的总称。它大体包括一个人的知识水平、道德修养以及各种能力等方面的素质修养。

当今世界，随着科学技术的进步和生产力的发展，社会对人才的要求越来越高，单一的素质已经不能适应和满足社会发展的需求，所以要加大力度培养具备综合素质的人才。对大学生进行综合素质培育，不仅可以帮助其满足社会发展的要求，还能促使他们不断学习，提高自我发展的能力。综合素质的培养在思想道德素质、法律素养、专业素质和心理素质等方面，对大学生提出了较高的要求。尤其是思想道德素质和法律素养，二者在综合素质的形成、发展过程中发挥着重要的作用。随着改革开放的不断深入，市场经济也不断发展，各种西方思想也不断影响着广大青年。在崇尚个性发展思想的影响下，当代大学生的价值观与以前相比已有不同。一方面，当代大学生的个性已相当鲜明，一些学生受到个人主义思想的影响，在学习和生活过程中，一味地我行我素，根本不顾及他人的感受；另一方面，一部分学生过分注重自我，忽视了法律的要求，甚至做出违法乱纪的事情。因此，无论是大学生自身的发展，还是社会的改革，都离不开综合素质的培养。

大学生在处理社会问题、协调社会关系时，道德素质和法律素养作为大学生的基本素质，影响着他们明辨是非和行为选择的能力。良好的道德素质和法律素养将会有助于大学生不断拓展个人发展空间，从而更大程度地实现自身价值。因此，一方面，对大学生自身而言，他们应该敢于承担历史赋予的伟大责任，有意识地培养自己正确的价值观和世界观，提高自己的道德修养和综合素质。另一方面，高校不能只注重大学生专业知识的培养，还要培育大学生的道德素质、法治素养，使当代大学生成为既具有扎实专业基础，又具有较强思想道德素质、良好法治思维的综合素质人才。只有这样，才能更好地促进大学生适应社会，为社会作出贡献。因此，高校不断增强对大学生的法治教育与道德教育，注重两者的有机融合，发挥两种教育的合力作用，不仅有利于促进大学生的全面发展，也有利于为新时代中国特色社会主义的建设、发展提供综合素质过硬的人才。

三、有利于提升“思想道德与法治”课教学效果

道德教育与法治教育有机融合，不仅有利于落实依法治国与以德治国相结合，有利于实现大学生综合素质的全面发展，而且有利于进一步整合教育目标、促进教学观念革新、优化教学内容、改良教学方法，进而提升课程教学效果。

首先，道德教育与法治教育有机融合有助于增强“思想道德与法治”课教学

目标的整体性，进而提升教学效果。教学目标一般指的是“在教学活动中所期待得到的学生的学习结果”①。“思想道德与法治”课教学目标主要是重在促进学生道德素质与法律素养的同步提升。虽然道德与法治是两个不同的范畴，道德教育重在净化人的内心世界，法治教育重在规范人的外在行为，但两者具有促进人的全面发展与素质提升的共同价值目标，是相互补充、相辅相成的，不能用任何一方来取代另一方。但在教学实践中，由于受到教材内容体系等诸多因素的影响，道德教育目标与法治教育目标往往处于割裂状态，大学生的道德素质与法律素养双重提升的教学目标实现状况不佳。因此，强化推进道德教育与法治教育有机融合教学活动，有利于促使教师在教学过程中科学把握道德教育与法治教育的共同目标，树立综合素质育人的先进理念，促使课程育人目标更加具有整体性，全面提升总体育人实效。

其次，二者有机融合有利于促进“思想道德与法治”课教学观念革新，进而提升教学效果。在既往对大学生进行思想政治教育时，部分教师总是将道德教育与法治教育割裂开来，没有深入研究道德教育与法治教育的内在统一性，导致在处理二者的关系上有失偏颇。部分教师把道德教育凌驾于法治教育之上，认为道德教育比法治教育更加重要，法治教育从属于道德教育。与此相反，也有部分教师认为法治教育比道德教育更为重要，道德教育作用有限。重视道德教育轻视法治教育，或者重视法治教育轻视道德教育，将二者割裂起来、对立起来无疑都是错误的。因此，推进道德教育与法治教育有机融合教学活动的开展，有利于教师在课程教学过程中摒弃单面思维，摒弃“道德教育为主”或“法治教育为主”的片面教学观念，树立道德教育与法治教育并驾齐驱的观念，树立将道德教育与法治教育相结合的观念。

再次，二者有机融合有利于构建和优化教学内容体系，进而提升教学效果。众所周知，教材体系不等于教学体系，教学内容是基于教材的，但是教师在课程教学中既要遵循教材，又不能局限于教材。依据教学对象和教学条件的实际情况，将教材内容体系转化为恰当的教学内容体系，这是保证教学效果的必然要求。虽然“05 方案”实施以来，“基础”课、“思想道德与法治”课教材内容体系呈现了“分立—融合—分立”的反复，但相关课程目标都明确指出，要在教学内容设计时将道德教育内容与法治教育内容有机地融合为一个整体，保证教学内容的统一性和完整性，实现培育德法兼修高素质大学生的教学目标。因此，在实际教学过程中不断推进道德教育与法治教育的有机融合教学活动，有利于不断探索构建和优化相应的教学内容体系，不断丰富课程教学内容，增加学生在课程教学

① 莫雷：《教育心理学》，北京教育科学出版社 2007 年版，第 47 页。

过程中的获得感和参与感，使得任课教师、学生、课程教材这三者始终保持协调统一关系，从而最终能够从整体上提升课程教学的效果。

最后，道德教育与法治教育有机融合有利于推动课程教育教学方式创新发展，进而提升教学效果。在具体教学实施过程中，由于受到教材内容体系的影响，任课教师在讲授道德或法律内容时往往依据所授内容的自身特点采取相适应的教学方法，综合运用多种方式方法不够，导致对道德与法治关系等内容难以讲清、讲透。而在提倡和促进道德教育与法治教育有机融合发展的境域之下，高校有关部门能够借此机会充分培养任课教师的教学方式创新意识，结合道德教育与法治教育基本规律以及育人实际需要，综合运用实践教学、情景教学、多媒体互动教学等方式，促使其有机融合，有效解决现实课程教学方式痛点，进一步提升日常教学活动开展合理性，增强其对学生的吸引力，有效提升“思想道德与法治”课教学的总体实效。

第二章 道德教育与法治教育有机融合的历史回顾

第一节 道德教育与法治教育有机融合的历史演进

一、依法治国与以德治国相结合的形成过程

不同时期的国策侧重是开展道德教育、法治教育工作,处理两者关系的基本依据,强调道德教育与法治教育有机融合是贯彻落实依法治国与以德治国相结合的必然要求。因此,总结、梳理道德教育与法治教育相结合的历史,有必要首先简要回顾总结依法治国与以德治国相结合的过程。

(一)依法治国基本方略的提出与发展

重视依法治国是中国共产党人崭新的治国理念和光荣传统。1949 年 9 月 29 日,中国人民政治协商会议第一届全体会议通过了《中华人民政治协商会议共同纲领》,1950 年新中国第一部基本法律《中华人民共和国婚姻法》诞生,1954 年 9 月 20 日,第一届全国人民代表大会第一次会议通过了第一部《中华人民共和国宪法》(史称"五四宪法"),这些都是新中国开启法制化进程的标志性事件。"文化大革命"结束之后,以邓小平同志为核心的中国共产党第二代中央领导集体逐渐全面拉开了"依法治国"的序幕。邓小平在《解放思想,实事求是,团结一致向前看》的讲话中明确提出:"为了保障人民民主,必须加强法制建设。必须使民主制度化、法律化,使这种制度和法律不因领导人的改变而改变,不因领导人的看法和注意力的改变而改变。"[①]1996 年,江泽民全面深刻阐述了依法治国的

---

① 《邓小平文选》(第 2 卷),人民出版社 1994 年版,第 146 页。

重大意义："加强社会主义法制建设，依法治国，是邓小平建设有中国特色社会主义理论的重要组成部分，是我们党和政府管理国家和社会事务的重要方针。"①1997年，"依法治国"作为中国共产党治国的基本方略被正式写入党的十五大报告："依法治国，是党领导人民治理国家的基本方略，是发展社会主义市场经济的客观需要，是社会文明进步的重要标志，是国家长治久安的重要保障。"②依法治国方略的提出，是中国共产党对自身治国理政经验的总结与升华，标志着党在执政理念、领导方式上实现了一次历史性跨越，为中国特色社会主义国家治理和社会治理确立前进方向和实施路径，具有里程碑意义。1999年，全国人大九届三次会议审议通过的《中华人民共和国宪法修正案》正式增加了"中华人民共和国实行依法治国，建设社会主义法治国家"的条款，从国家层面确定了依法治国方略的法律地位。

依法治国方略的形成及正式确立，充分展示了中国共产党在治国方式上的发展进步，对加强党的领导、发展社会主义民主、保障人民当家作主具有重大意义。依法治国不仅是社会主义国家民主法治进步的重要标志，也是发展社会主义市场经济的客观需要，更是国家长治久安的重要保障。建设社会主义民主国家，必须坚持党的领导、人民当家作主和依法治国三者有机统一。党的领导与依法治国并不矛盾，也不存在党大还是法大的问题。依法治国强调党领导人民制定宪法和法律，并在宪法和法律范围内活动。这有利于从制度和法律上保证党的基本路线和基本方针的贯彻实施，保证中国共产党始终发挥总揽全局、协调各方的领导核心作用。习近平强调："全面依法治国是中国特色社会主义的本质要求和重要保障。"③

全面依法治国不仅是现代国家治理的主要内容，还是推进国家治理现代化的基本方式，它具有明显的规范、保障功能。与以德治国相比，依法治国拥有其独特的强制性和权威性。通过一系列的立法活动使一些最基本的道德规范变成明确的法律制度，然后借助国家强制力保障被法律化的道德规范的贯彻实施，是保证社会治理高效的基本要求。人们的行为固然需要道德的约束，但如果脱离了法律的权威性和强制性的规范作用，社会的和谐稳定和国家的长治久安根本得不到有效的保障。韩非子在《韩非子·有度》中提出："奉法者强则国强，奉法者弱则国弱。"当前，我国已经全面建成了小康社会，开启了实现第二个百年奋斗目标的新征程，改革也进入了攻坚期。然而，国家同时面临着保证经济高质量发

---

① 《江泽民文选》(第1卷)，人民出版社2006年版，第511页。

② 中共中央文献研究室：《十五大以来重要文献选编》(上)，中央文献出版社2011年版，第26页。

③ 习近平：《决胜全面建成小康社会　夺取新时代中国特色社会主义伟大胜利——在中国共产党第十九次全国代表大会上的报告》，载《人民日报》2017年10月28日第1版。

展、维持社会安全稳定、满足人们对美好生活更高期望等一系列艰巨任务,面临的矛盾、风险和挑战前所未有。在这样的关键发展时期,要推动中国经济社会持续健康发展,不断开拓更加广阔的社会主义发展前景,就必须全面推进社会主义法治国家建设,从而为解决这些问题提供法治保障。

(二)以德治国理念的提出与发展

以德治国、"德主刑辅"是中国封建社会长期奉行的治国理念和实践操作。重视道德的传承和教化作用,注重以德治国,是我国国家治理的优良传统和宝贵经验。新中国成立以后,中国共产党以马克思主义理论为指导,一直高度重视全民道德教育工作,逐渐形成了以德治国的理念。在道德教育方面,新中国成立初期,以毛泽东同志为核心的党的第一代中央领导集体就将"爱祖国、爱人民、爱科学、爱劳动、爱护公共财物"作为基本内容,推行社会主义道德教育的"五爱"模式。进入改革开放时期,邓小平强调在大力加强社会经济建设发展的过程中,必须坚持物质文明和精神文明两手抓、两手都要硬,大力推行"有理想、有道德、有文化、有纪律"的"四有"社会主义新人教育,掀起了精神文明建设高潮。进入21世纪,江泽民强调了系统开展全民道德教育的重要现实意义,科学阐明了我国社会主义道德教育的具体内容和实现逻辑。党的十七大后,胡锦涛提出了"八荣八耻"的社会主义荣辱观,明确了社会主义合格公民应该遵守的道德标准。党的十八大以来,习近平高度重视道德教育工作,强调以系统化和整体性思维推动全民道德教育工作,提出了"明大德、守公德、严私德"的要求。中共中央印发的《新时代公民道德建设实施纲要》明确阐释了新时代我国公民道德建设的总体要求、重点任务和推进路径。

针对片面强调依法治国、忽视以德治国的问题,2001年1月10日,江泽民在全国宣传部长会议上指出:"我们在建设有中国特色社会主义、发展社会主义市场经济的过程中,要坚持不懈地加强社会主义法制建设,依法治国;同时也要坚持不懈地加强社会主义道德建设,以德治国。"[①]这一思想的提出,明确了以德治国在现代化法治国家建设中的重要作用,成功开辟了以德治国的新境界,对于推进我国社会主义事业的发展进步具有十分重大的意义。以德治国理念是在全面建设小康社会、加快改革开放和现代化建设步伐的关键时期,在社会关系日趋多样化、利益格局多元化和人民群众精神文化需求不断增长的时代背景下提出来的。以德治国的提出,不仅发挥着改善社会风气和维护秩序的作用,还担负着维护国家长治久安和社会和谐发展的重大使命。以德治国中的"德",不仅包括

---

① 《江泽民文选》(第3卷),人民出版社2006年版,第200页。

社会道德规范体系，还涉及马克思主义道德观指导下的世界观、人生观、价值观等相关内容。以德治国要求建立以为人民服务为核心，以集体主义为原则，以爱祖国、爱人民、爱劳动、爱科学、爱社会主义为基本要求的新型社会主义思想道德体系。以德治国强化了权利与义务、自由与责任的紧密联系，激发了社会成员的主体意识，有利于保障和巩固人民群众在国家事务中的主人翁地位。

以德治国借助道德所具有的自律性和感染力来提升人民的道德品质，凝聚社会团结的力量，有利于调节利益关系、保障社会秩序。道德与法律从来就不是完全分裂开来的，道德为法律的制定和实施提供正确、积极的思想价值支撑，法律为道德践行提供底线制度保障。以德治国通过提升人民的整体道德素质来促进法律的实施，从而更好地建设社会主义法治国家，为中华民族的伟大复兴提供社会基础。在现实生活中，总会出现一些社会问题，这些问题虽然没有触犯到法律底线，但却造成负面的社会影响。在这种情况下，道德的自律作用显得尤为重要。虽然道德没有法律那样的强制性和威慑力，但法律不是万能的，道德可以凭借自身的熏陶、感染作用，借助社会舆论，从而形成强大的社会正能量。因此，贯彻落实以德治国是维持良好的社会秩序的必要措施，应该坚定不移地向前推进。

（三）依法治国与以德治国相结合的治国理念的形成

改革开放以来，中国共产党不断总结经验，逐步提出并最终形成了依法治国与以德治国相结合的治国理念。针对一段时期学界关于以德治国、依法治国两者地位与作用的争论，以及现实施政过程中对两者的运用隔离与对立问题，2000年6月28日，江泽民在中央思想政治工作会议上就“德治”和“法治”问题发表了重要讲话，明确指出法治和德治两者之间是一种相互促进的辩证关系，初步提出和勾画了依法治国与以德治国相结合的治国方略。江泽民明确指出：“法治以其权威性和强制手段规范社会成员的行为，德治以其说服力和劝导力提高社会成员的思想认识和道德觉悟。道德规范和法律规范应该相互结合，统一发挥作用。”[①]社会主义法治建设以德治建设为基础，而社会主义道德建设又以法治建设为保障，推进社会主义国家治理现代化必须坚持依法治国与以德治国相结合，这是总结古今中外治国理政的历史经验和中国共产党自身治国理政经验教训得出的重要论断。

党的十八大以来，以习近平同志为核心的党中央总结和借鉴了古今中外的治国理政经验，进一步明确和强化了依法治国与以德治国相结合的理念。从人

---

① 《江泽民文选》（第3卷），人民出版社2006年版，第91页。

类社会发展的过程来看，古往今来法律和道德都是维护国家和社会有序运行的基本手段。习近平指出："法律是准绳，任何时候都必须遵循；道德是基石，任何时候都不可忽视。"①在谈到推进国家治理体系和治理能力现代化的相关问题时，习近平进一步指出，中国特色社会主义法治道路的一个鲜明特点，就是坚持依法治国和以德治国相结合，强调法治和德治两手抓、两手都要硬。这既是历史经验的总结，也是对治国理政规律的深刻把握。也就是说，法治与德治相结合是已经被历史经验所证明了的必然选择，是历史逻辑与现实逻辑内在统一的展现，体现了中国共产党对现代国家治理规律的深刻认识和把握。强调依法治国，不能否定以德治国的功能作用。推进中国特色社会主义法治国家建设，推进国家治理体系和治理能力现代化，需要同时重视法治和德治的重要作用。习近平指出："要坚持依法治国和以德治国相结合，把法治建设和道德建设紧密结合起来，把他律和自律紧密结合起来，做到法治和德治相辅相成、相互促进。"②习近平总书记在 2016 年 12 月 9 日主持中央政治局第三十七次集体学习会议时进一步明确指出："在新的历史条件下，我们要把依法治国基本方略、依法执政基本方式落实好，把法治中国建设好，必须坚持依法治国和以德治国相结合，使法治和德治在国家治理中相互补充、相互促进、相得益彰，推进国家治理体系和治理能力现代化。"③

二、道德教育与法治教育相结合的法规政策演进及高校课程实施脉络

为贯彻执行依法治国与以德治国相结合，党中央、国务院从 20 世纪 80 年代初期开始，针对道德教育和法治（法制）教育相继出台了系列性的政策法规文件。梳理解读这些文件大致可以归纳出国家从政策法规层面推进高校相关课程建设、促进大学生道德教育与法治教育相结合的几个发展阶段。

（一）道德教育和法治教育相结合的初步探索阶段（1980—1993）

这一阶段，国家先后颁布了《关于加强高等学校学生思想政治工作的意见》（1980）、《关于加强爱国主义宣传教育的意见》（1983）、《关于高等学校开设共产主义思想品德课的若干规定》（1984）、《关于社会主义精神文明建设指导方针的决议》（1986）、《关于改进和加强高等学校思想政治工作的决定》（1987）、《关于高等学校

① 习近平：《习近平谈治国理论》（第 2 卷），外文出版社 2017 年版，第 133 页。
② 习近平：《习近谈治国理政》（第 1 卷），外文出版社 2018 年版，第 145-146 页。
③ 习近平：《习近谈治国理政》（第 2 卷），外文出版社 2017 年版，第 133 页。

思想教育课程建设的意见》(1987)、《关于新形势下加强和改进高等学校党的建设和思想政治工作的若干意见》(1993)等一系列文件。前期相关文件主要指出了开展法制教育的重要性,提出了法制教育要融入高校德育的指导思想;后期相关文件则提出了单独开设法制教育课程的指导意见,初步规定了开设道德教育和法制教育两类课程的要求,但对两类课程如何相结合尚未形成具体的文件。

改革开放之初,主要强调高校思想政治教育在坚持马列主义和毛泽东思想教育的同时,要加强革命理想和共产主义道德品质教育。不过当时并没有细化道德教育内容,主要还是指宏观层面的共产主义道德品质教育,大学生法制教育尚未提上议事日程。1980 年 4 月,教育部与共青团中央联合发布的《关于加强高等学校学生思想政治工作的意见》强调,要全面加强学生的思想政治教育工作,明确指出,"要旗帜鲜明地对学生进行系统的马克思列宁主义、毛泽东思想基本原理的教育、革命理想教育、共产主义道德品质教育"。1984 年 9 月,教育部颁布的《关于高等学校开设共产主义思想品德课的若干规定》指出:"共产主义思想品德课的任务是对学生进行共产主义人生观和共产主义道德教育,针对学生普遍关心的有关人生、理想、道德等方面的问题,给予有说服力的回答,帮助学生逐步树立共产主义人生观,培养共产主义的道德品质。"①

随着改革开放的全面展开,建设社会主义法制国家逐渐成为全民共识,对大学生的法制教育开始提上日程。1985 年,第六届全国人民代表大会常务委员会通过了《关于在公民中基本普及法律常识的决议》,首次从国家法律层面规定各级各类学校要开展法制教育,明确指出:"大学、中学、小学以及其他各级各类学校,都要设置法制教育的课程,或者在有关课程中增加法制教育的内容,列入教学计划,并且把法制教育同道德品质教育、思想政治教育结合起来。"虽然该决议没有对学校以何种形式开展法制教育做出硬性规定,也没有提出具体详细的要求和措施,但首次明确提出了"法制教育"与"道德品质教育""思想政治教育"相结合的要求,具有里程碑式的重要意义。

为贯彻落实《关于在公民中基本普及法律常识的决议》中关于高校开展法制教育的精神,1986 年、1987 年,原国家教委先后下发了《关于在高等学校开设"法律基础课"的通知》《关于高等学校思想教育课程建设的意见》,要求各高校因校制宜地开设"形势与政策""法律基础""思想品德修养""人生哲理""职业道德"等五门思想教育课程,规定"形势与政策""法律基础"为必设课程,其余课程为可根据学校自身实际条件,有选择性地开设相关课程。这就是史称的高校思想教育

① 全国普通高校"两课"教育教学调研工作领导小组:《普通高校思想政治教育课程文献选编(1949—2003)》,北京:中国人民大学出版社 2003 年版,第 100 页。

课程“85 方案”,该方案将高校思想政治课分为马克思主义理论课和思想品德课两类,通常被简称为“两课”。

1992 年、1993 年,原国家教委思政司组织召开了两次高校思想政治教育课程教学改革与建设研讨会,在充分听取专家意见及广泛调研的基础上,将原设的“思想品德修养”“人生哲理”整合为“思想道德修养”,会议纪要以司局文件形式向各高校作了转发。此后不久,“85 方案”做了微调和优化,思想品德教育类、法制教育类课程不仅各自有了单独的课程,而且课程体系也开始逐渐走向合理化、规范化。与此同时应该看到,虽然道德教育和法制教育作为当时“两课”四个组成部分(具体为政治教育、思想教育、道德教育和法纪教育)中的两个固定下来了,但“法律基础”课作为“因校制宜”的选择开设课程,并没有强制性地在全国高校广泛推开。对道德教育与法制教育两者的内容界限还认识得不够明晰和深刻,对两者的内在结构和逻辑关系认识得还不够充分和细致。因此,从教育教学开展的实际情况看,法制教育主要以包含于道德教育之中的形式展开,道德教育与法治教育的有机融合问题尚未真正展开。

(二)道德教育和法治教育相结合的推进阶段(1994—2004)

这一阶段,国家先后出台了《关于进一步加强和改进学校德育工作的若干意见》(1994)、《爱国主义教育实施纲要》(1994)、《中国普通高等学校德育大纲》(1995)、《关于普通高等学校“两课”课程设置的规定及其实施工作的意见》(1998)、《关于进一步深化“三个代表”重要思想“三进”工作的通知》(2004)、《关于进一步加强和改进大学生思想政治教育的意见》(2003)、《关于进一步加强高等学校学生形势与政策教育的通知》(2004)等文件,对道德教育与法治教育两者的性质、定位、功能、实施等问题作了明确阐释,强调要不断加强道德教育与法治教育的有机结合,统筹推进大学生道德教育与法治教育。这期间,形成了高校思想政治理论课程设置的“98 方案”。

1994 年 8 月,《中共中央关于进一步加强和改进学校德育工作的若干意见》颁布,明确提出了在学校统筹推进道德教育与法治教育的指导意见,并细化了道德教育的具体内容,指出:“要重视培养学生开拓进取、自强自立、艰苦创业的精神;大力加强法制教育特别是宪法的教育;要有计划地进行社会公德和职业道德教育。”1995 年年底,原国家教委等三部门联合发布的《关于加强学校法制教育的意见》强调指出:“学校法制教育是学校德育工作的一个重要组成部分,要与学校的其他教育有机地结合起来,融法制教育于文化知识教育和思想教育之中。”1998 年,中宣部、教育部颁布了《关于普通高等学校“两课”课程设置的规定及其实施工作的意见》,规范了高校“两课”课程设置,把马克思主义理论课和思想品德课通盘考虑，统一规划设计，形成了高校思想政治理论课程建设的“98方案”。该方案规定“马克思主义哲学”“马克思主义政治经济学”“毛泽东思想概论”“邓小平理论概论”“当代世界经济与政治”“思想道德修养”“法律基础”等7门课程为普通高校思想政治理论教育必修课，进一步丰富和完善了“两课”的课程体系，强化了马克思主义基本原理和爱国主义、集体主义、社会主义的教育。其中，思想道德教育与法制教育分别由“思想道德修养”和“法律基础”两门课承担。

2001年，中共中央颁布实施的《公民道德建设实施纲要》指出：“把法制建设与道德建设、依法治国与以德治国紧密结合起来，通过公民道德建设的不断深化和拓展，逐步形成与发展社会主义市场经济相适应的社会主义道德体系”；“公民道德建设是一个复杂的社会系统工程，要靠教育，也要靠法律、政策和规章制度”；“要按照建设社会主义法治国家的要求，把道德建设与法制建设紧密结合起来”；“各级各类学校必须认真贯彻党的教育方针，全面推进素质教育，把教书与育人紧密结合起来”。2002年，教育部等四部门联合下发《关于加强青少年学生法制教育工作的若干意见》，要求青少年学生法制教育工作要“坚持法制教育与思想政治教育相结合……努力把青少年学生培养成为有理想、有道德、有文化、有纪律的社会主义建设事业的合格人才”。2004年，《中共中央、国务院关于进一步加强和改进大学生思想政治教育的意见》明确指出：“以基本道德规范为基础，深入进行公民道德教育……引导大学生自觉遵守爱国守法、明礼诚信、团结友善、勤俭自强、敬业奉献的基本道德规范。”

从高校贯彻落实情况看，这期间逐步形成和不断修改、完善了高校思想政治理论课的“98方案”，道德教育内容和法制教育不仅在内容上得到了充实和深化，而且课程体系更加系统化、科学化。不过，从课程设置和教材的角度看，道德教育与法制教育的课程和教材都是分立的，大力度推进道德教育与法治教育有机融合的工作依然没有真正有效地全面开展起来。

（三）道德教育和法治教育相结合的发展阶段（2005年后）

进入新千年以后，特别是党的十八大以来，党和国家更加高度重视高校思想政治工作和思想政治理论课建设工作，出台的相关文件更为繁多。相关文件主要包括《关于进一步加强和改进高等学校思想政治理论课的意见》（2005）、《高等学校思想政治理论课建设标准（暂行）》（2011）、《关于进一步加强高校实践育人工作的若干意见》（2012）、《普通高校思想政治理论课建设体系创新计划》（2015）、《高等学校马克思主义学院建设标准（2017年本）》（2017）、《关于加强和改进新形势下高校思想政治工作的意见》（2017）、《新时代高校思想政治理论课教学工作基本要求》(2018)、《新时代公民道德建设实施纲要》(2019)等。这其中不少文件对道德教育与法治教育的有机融合有详尽的布置。如《新时代公民道德建设实施纲要》明确指出:“要发挥法治对道德建设的保障和促进作用,把道德导向贯穿法治建设全过程,立法、执法、司法、守法各环节都要体现社会主义道德要求……以法治的力量维护道德、凝聚人心……营造全社会讲法治、重道德的良好环境,引导人们增强法治意识、坚守道德底线。”

2005 年,中共中央宣部、教育部印发《关于进一步加强和改进高等学校思想政治理论课的意见》及其相关《实施方案》,将之前的“两课”统称为“思想政治理论课”,形成了高校实施至今的“05 方案”。该方案规定高校思想政治理论课由“马克思主义基本原理”、“毛泽东思想、邓小平理论和‘三个代表’重要思想概论”(后更名为“毛泽东思想和中国特色社会主义理论体系概论”)、“思想道德修养与法律基础”(后更名为“思想道德与法治”)、“中国近现代史纲要”和“形势与政策”五门课组成。“05 方案”将“思想道德修养”和“法律基础”两门课程合二为一,明确指出“思想道德修养与法律基础”的课程目标是:“主要进行社会主义道德教育和法制教育,帮助学生增强社会主义法制观念,提高思想道德素质,解决成长成才过程中遇到的实际问题。”此后,《思想道德修养与法律基础》教材历经多次修订,道德教育与法治教育的结合问题由课程之间的关系变成了同一门课程中内容的有机融合问题。因此,从内容体系变化的角度而言,大学生道德教育与法治教育相结合进入细化和不断深化阶段,即“有机融合”阶段。

值得指出的是,《思想道德修养与法律基础》教材内容编排出现了道德教育与法治教育内容融合与分离的反复。“05 方案”之后,新课程开始将道德教育与法治教育内容统合成一本教材,但相关内容分列章节。2009 版和 2010 版教材曾做过将道德教育内容与法治教育内容有机融合的努力,该教材第五章以公共秩序为中介,把道德和法律作为建立和维护社会秩序的两种基本手段放在一起比较分析,把公共生活中的道德规范和法律规范放在同一章处理;第六章第一节以职业为中介,集中阐释了职业与道德法律的关系、职业活动中的道德规范和法律规范,落脚于大学生职业道德素质与法律素质的培养,在第三节以恋爱婚姻观为中介,将家庭美德和婚姻家庭法律规范做两个目处理。但是,2015 版教材又将融合的内容剥离开了,2018 版教材又将原先分散在多章的道德教育和法治教育内容分别整合在第五章“明大德守公德严私德”和第六章“尊法学法守法用法”中,道德教育与法治教育内容又重新回到了分立单列的原点。2021 版教材的教材名称及个别章节名称有所调整,但整体内容结构体系与 2018 版基本相同。虽然教材内容体系调整并不意味着教学内容体系也要把道德教育与法治教育分离,但是教材内容体系的这种反复变化在一定程度上影响了一线教师开展道德教育与法治教育有机融合的教学活动。持续推进道德教育与法治教育有机融合的相关工作依然任重而道远。

第二节　道德教育与法治教育有机融合的成效及经验

从上文的历史回顾来看，道德教育与法治教育相结合的发展过程与改革开放40多年来思想政治理论课程改革的不断深化过程具有高度同步性。总体而言，道德教育与法治教育有机融合在课程目标设置、教材体系编写、教学理念转变及教学内容设计等方面都取得了一定的成效，道德教育和法治教育有机融合的意识越来越强，有机融合程度越来越高。本节在简要总结基本成效的基础上，重点梳理分析这些成效取得的基本经验。

一、道德教育与法治教育有机融合的成效

成效一般指所获得的预期效果和功效，体现为预定目标的实现程度。思政课是立德树人的关键课程，德法兼修是对新时代大学生的素质要求，培养德法兼修的人才是"基础"课、"思想道德与法治"课的课程目标。以下主要从相关课程教学目标指向、教材体系变化、教学理念及教学体系转化的角度，分析道德教育与法治教育有机融合取得的成效。

（一）道德教育与法治教育有机融合的课程目标指向不断加强

从道德教育与法治教育课程分立，到两门课程整合为一，道德教育与法治教育有机融合的课程目标指向日渐明晰。特别是从近十多年的"基础"课、"思想道德与法治"课教材体系的变化情况来看，在修订各章节内容时，更加突出了道德教育和法治教育的融合目标。教材的如此变化，有助于高校教师优化教学设计，有助于大学生道德素质和法治素养的全面提高。如，在2018版的"基础"课教材中，第一、二、四、五章中都以不同方式指出了思想道德规范和法律规范的共同价值目标，第六章不仅详细地阐述了依法治国的重要性，还阐述了以德治国的必要性，强调中国社会的治理必须坚持依法治国和以德治国相结合，两种治国方式相辅相成，缺一不可。教材如此编排设计是为了让教师在教学中注重把道德教育和法治教育结合起来，在教学内容的安排上把两者有机融合，根本目的是希望大学生通过"基础"课的学习，把握好道德和法律之间的关系，提高对依法治国和以

德治国相结合的认识，全面提升道德素养和法治意识。2021 版“思想道德与法治”课教学目标与 2018 版“基础”课教学目标在这方面的要求是高度一致的。

（二）道德教育与法治教育有机融合的教材内容体系探索不断深化

有了明确的道德教育与法治教育有机融合的课程目标指向，还需要在教材体系的设计上做出艰辛的探索。如上文所述，2009 版和 2010 版“基础”课教材曾做过将道德教育内容与法治教育内容有机融合的努力，力图以大学生面临的实际问题为导向，将道德教育与法治教育内容结合起来，促进大学生道德修养与法治素养的同步提升。但由于难以贯穿所有的章节，后续修订版教材又逐渐回归了道德教育内容与法治教育内容的分立状态。但应该看到，这不是简单地回归到原点，而是在力图更加系统地讲清楚道德教育内容与法治教育内容的基础上，以行为实践为落脚点的有机融合。如，2018 版“基础”课教材的第五章是关于道德教育的内容，分别从明大德、守公德、严私德三个方面展开论述，针对道德的不同维度提出不同的道德要求和准则，要求大学生在构建自身道德体系中不但要继承优秀传统道德，还要发扬社会主义道德，为做一名崇德明礼的公民打下基础。第六章的题目是“尊法学法守法用法”，围绕法律的多个维度，从不同层面对大学生应该如何尊重法律、学习法律、守护法律、运用法律提出要求，在此基础上培养法治意识，形成法治思维。两章都是从理论到实践，从知到行，分别系统地论述了道德教育、法治教育在大学生成长中的重要作用。第五章的目标在于让大学生做到自觉尊德、讲德、守德，不但懂得相关道德要求，而且还要投入道德实践，做到知行合一。第六章的目标在于培养大学生的法治思维，在现实生活中尊法、守法、用法。从两章的编排逻辑看，有异曲同工之妙，均要求大学生把道德和法律内化于心，形成自觉的行为和习惯。2021 版“思想道德与法治”课教材进一步优化了相关内容设计，强调以社会主义核心价值观为统领，把育德和育心结合起来，通过道德教育和法治教育的有机结合，培养德法兼备的人才，满足依法治国与以德治国相结合的人才培养要求。

（三）开展道德教育与法治教育有机融合的理念和行动不断增强

虽然教材体系出现了道德教育与法治教育内容的“分立—整合—分立”的反复，但通过深入理解课程目标，基于教学实效性和学习效果的现实需要，教师与学生对开展道德教育与法治教育有机融合必要性的认识都在不断加强。教师在实际教学中为讲清法律，必须对比道德，讲道德时必须对比法律，已经成为共识，通过多种渠道促使两者融合，已经成为很多教师的自觉行动。学生解决实际面临的问题时，常常会面临道德要求与法律要求的张力和冲突，因此，要求教师开展两者的有机融合教学活动，成为学生的共同呼声。有调查显示，近58%的大学生认为开展道德教育与法治教育有机融合教学非常重要，近40%的大学生认为比较重要；针对目前高校开展道德教育、法治教育的满意度调查显示，近67%的大学生表示满意或比较满意；关于进一步将道德教育与法治教育有机融合的调查显示，近40%大学生认为非常有必要，近24%的大学生认为有一定必要。[①]这一调查结果表明，目前道德教育与法治教育有机融合既取得了一定的成绩，但也还有很大的提升空间。

二、道德教育与法治教育有机融合的基本经验

大学生道德教育与法治教育相结合的历史发展进程表明，大学生法治教育经历了从无到有、由从属于道德教育到单独设立的过程，道德教育与法治教育相结合也经历了从无到有、由表及里、由浅及深的过程，最终才形成了道德教育与法治教育有机融合的理念。道德教育与法治教育有机融合理念之所以能不断深入人心，相关工作之所以不断取得新进展，既是遵循教育教学规律和人才成长规律的要求，也是不断总结和运用历史发展经验的结果。

（一）以国家政策、法律、法规形式推动道德教育与法治教育的有机融合

从上述道德教育和法治教育的政策法规由来和发展轨迹来看，道德教育、法治教育、道德教育与法治教育关系的变化是伴随着我国社会的变化、民主法制建设的进程一路发展而来的。改革开放之初，国家在许多方面面临无法可依的窘迫状况，迫切需要建立、补充和完善法律制度体系，因此这一阶段出台了一系列加强法制建设的法律法规，有力促进了全民普法教育和大学生法制教育。随着法制的不断完备和社会主义市场经济的不断发展，有法不依、执法不严、道德冷漠等状况引起了全社会的高度关注，在坚持依法治国的基础上充分发挥道德的功能作用逐渐成为全民共识，以德治国的重要性日趋显现。于是，国家出台了一系列道德建设法律法规，这对加强道德建设起到了重要作用。

值得指出的是，虽然不同时期国家出台的法律法规指向道德教育或法治教育的重点不同，但很多名义上加强道德教育或法治教育的法规文件都有将法治教育（法制教育）融入道德教育、道德教育与法治教育（法制教育）相结合等条款。随着改革开放的不断深入、国内国际形势的复杂变化以及人民对民主法治的更高要求，提升国家治理能力和治理体系现代化成为党和国家的迫

① 亚男：《大学生道德教育与法治教育融合研究》，西安科技大学2019年硕士学位论文。

切任务。在这种情况下，不断强调和贯彻落实依法治国与以德治国相结合，以法律法规的形式推动道德教育与法治教育的结合，成为党和国家的必然选择。可以说，无论是道德教育、法治教育，还是道德教育与法治教育的结合，均要服从和服务于国家和社会发展的需要，均需要依靠国家法律法规的强力推动。正是遵循这一客观认识规律，我们的道德教育与法治教育相结合工作才得以顺利推进。

（二）以课程设置和教材建设为抓手推动道德教育与法治教育的有机融合

对于高校而言，开展道德教育与法治教育有机融合教学，需要教师依据相关政策法规主动创立相应的教学体系。从根本性和科学性的角度而言，创立教学体系需要以课程建设和教材体系为基础和蓝本。基于此，国家教育主管部门紧紧抓住了这两个关键环节，集全国之力抓好课程设置方案调整及教材编写工作。从改革开放之初没有规范的课程体系或课程体系不完整，到统一制定执行“85方案”“98方案”“05方案”“2021方案”，道德教育课程、法治教育课程及其结构体系不断完善。这期间，课程名称和种类呈现了“少—多—少”的变化，体现了补充法治类课程、优化道德类课程、整合道德教育与法治教育类课程的目标。特别是“05方案”实现了道德教育与法治教育课程的统一整合，为教师开展道德教育与法治教育有机融合教学活动提供了良好的基础。

就教材内容体系的优化而言，呈现了由最初没有国家统编教材，到中央成立“马工程”专家组，由教育部主持统编教材，教材内容体系不断优化的良好局面。特别是“05方案”以后，“基础”课教材历经三次大的修订和多次小的修订，虽然从内容板块编排上出现了“分立—部分融合—分立”的反复，但从根本上实现了从重视道德、法律知识教育，到重视道德素质、法治素养教育，再到综合素质养成及实践能力提升的教育目标转变。不是将道德教育内容设置成纯粹的伦理教育内容，也不是将法治教育内容设置成纯粹的法律教育内容，而是将两者有机统一于思想政治教育属性、社会主义意识形态教育目标和人的全面发展需要，为教师开展道德教育与法治教育有机融合教学活动提供了根本依据和学理支撑。同时，结合社会发展实际和大学生的现实需求，不断调整和充实道德教育及法治教育内容，确保道德教育与法治教育有机融合的实效性。

（三）注重运用合力作用推动道德教育与法治教育的有机融合

就全民教育层面而言，依靠国家法律政策的引导与约束、社会民主法治建设的现实需要、个体成员维护自身权利需要等多种力量形成的强大合力，凝聚政府、家庭、学校和社会的各方力量，无疑是推动道德教育与法治教育有机融合工作开展的重要经验。就大学生教育层面而言，整合校内校外各种力量，具体依靠国家力量、高校力量、教师力量和学生力量形成教育的合力，是推动大学生道德教育与法治教育有机融合的成功经验。除上文述及的党和国家高度重视、注重顶层设计，依靠国家法律政策及教育主管部门积极作为产生的强力外，由此促成的师资队伍配备变化、课程设置变化、教材体系变化及内容优化等，实际上激发了高校、教师和学生参与的积极性与主动性。对于高校而言，最根本的是要全面贯彻党的教育方针，“解决好培养什么人、怎样培养人、为谁培养人这个根本问题”[①]。教育部于 2011 年颁布的《高等学校思想政治理论课建设标准（暂行）》及后续的《高等学校思想政治理论课建设标准（2021 年本）》等文件明确规定，加强高校思想政治理论课建设，必须压实各级党委的领导责任，由“学校党委直接领导，协调校行政负责实施，分管校领导具体负责，并成立相应的领导机构”。因此，体现社会主义大学的本质要求，积极贯彻执行党的教育方针和国家政策法规，通过融合道德教育与法治教育提高教学质量，高校无疑会保持与国家的同向同行。

与国家及高校等的主动作为及行政性作为而言，教师和学生的积极力量主要靠课程设置及教材编排的变化而引发。改革开放以来，特别是“05 方案”实施以来，“基础”课教材编写纳入“马克思主义理论研究和建设工程”（简称“马工程”），成为在党中央直接领导下各主管部门协同合作、汇聚全国顶尖专家集体智慧的国家战略工程。“基础”课教材与其他几门思政课教材一样，通过专家的集体攻关，编排设计越来越规范，道德教育与法治教育之间的内容体系设计越来越科学合理，整体质量越来越高，有效调动了教师开展道德教育与法治教育有机融合的积极性和主动性。道德与法治的理论阐释明晰、道德教育与法治教育二者有机结合的实践导向明确，说服力、吸引力、感染力不断提高，亲和力和针对性不断增强。与此同时，道德教育与法治教育内容更新及时，始终紧跟时代发展步伐和国家战略需要，以解决大学生成长成才过程中遇到的实际问题为导向编排教材内容的章节体系，着力于提升大学生解决道德与法律问题的实践能力，越来越符合时代发展和学生成长的实际需要，有效调动了学生学习的积极性和主动性。

---

① 习近平：《论党的宣传思想工作》，人民出版社 2020 年版，第 377 页。

第三节 道德教育与法治教育有机融合实践中的不足之处

在肯定道德教育与法治教育相结合历史发展成就的同时，应该看到有机融合的具体落实程度与国家的要求、大学生的实际要求之间还存在不小的差距。具体表现为以下几个方面。

一、不同主体的认识和重视程度方面存在差距

推进道德教育与法治教育的有机融合，需要国家、高校、教师和学生形成统一认识，发挥合力作用效应。从历史发展的情况看，国家一直高度重视，先后发布了一系列政策、法规和文件，实施了“马克思主义理论研究和建设工程”，这是一项巩固马克思主义在意识形态领域指导地位的基础工程，也是巩固和发展中国特色社会主义的重大国家战略工程和马克思主义理论创新工程。教育部作为代表国家推进大学生道德教育与法治教育相结合的教育行政主管部门，从最初提出加强法制教育，将法制教育融入马列课和思想品德课，到规定单独开设法制教育课程，再到将法治教育与道德教育两类课程整合成一门课程，一直直接组织、积极推进相关工作的具体落实实施。

从高校层面看，虽然贯彻党和国家战略决策、执行教育部部署在思想上没有折扣，但在主动出台创新性的教学管理制度和具体落实措施方面做得不够，消极等待上级推动的情况一直存在。由于“基础”课、“思想道德与法治”课是公共课，这门课在学生就业以及未来专业发展上的直接作用相对较小，一些学校特别是理工科大学对这门课缺乏足够的重视。比照教育部 1∶350 的师生规定，许多学校思政课教师配备不足，师资力量薄弱，大班上课现象比较普遍，没有完成教育部“中班教学、小班研讨”的规定要求。大班上课不利于开展道德教育与法治教育有机融合教学活动，难以保证教学效果。

从教师层面看，由于受学科知识背景和认识局限、教材编排设计反复变化、师资配备不足及课时紧张等多因素的影响，在主动推动道德教育与法治教育融合教学方面明显有待加强。部分教师在教材内容转化为教学内容时，机械僵硬，不能结合学生的实际需求和时代特点加入鲜活生动的内容，这就使得大学生接

受起来感觉枯燥。有些教师在讲授相关内容时照搬照抄课本，缺乏创造性和自己独特的见解，学生认为听课不如看书省时间。部分教师仅仅把教学当成任务完成，下课后便不见踪影，缺乏和学生的有效沟通。还有部分教师教学模式僵化，教学方法陈旧，不能适应新时代大学生的心理需求和时代要求。也有一些教师上课时不能和学生打成一片，师生互动甚少，课堂气氛不活跃，影响了教学效果。

从学生层面看，重视道德素质与法治素养同步提高的意识依然有待提高。部分学生仅仅满足于不违法犯罪，对于树立高尚道德品质的诉求不高，参与相关教学实践活动的积极性不高、主动性不够。通过调查分析发现，部分同学认为应该更多地进行法治教育，而对于道德教育的重视程度不够。部分学生认为道德教育主要应该在家庭教育中完成，青少年时期就应该形成正确的道德认知，到了大学后基本没有必要再进行道德教育。大学生对道德教育、法治教育两者同等重要的认识不够，同步提升道德素质及法治素养的自觉意识不足。同时，2018版“基础”课教材、2021版“思想道德与法治”课教材压缩了法治教育的篇幅，大大精简了实体法的相关内容，这对大学生道德教育与法治教育的有机融合也产生了一定的消极影响。

综上所述，国家、高校、教师、学生对道德教育与法治教育有机融合工作的认识水平和重视程度还存在不平衡的问题，部分教育主体和部分学生的重视程度有待加强，道德教育与法治教育有机融合工作还不能很好地适应新时代培养德法兼备社会主义合格建设者和可靠接班人的目标要求。

二、教材建设与国家预期目标之间存在一定差距

一方面，与国家不断推出的一系列法规文件相比，作为贯彻落实的重要环节，教材编写和修订的步伐显得迟缓。当然，作为贯彻落实环节，教材编写具有一定的滞后性是正常的，但滞后期过长、行动过迟则无疑是需要反思的。虽然早在20世纪80年代初，国家就已经提出了将法制教育融于马列课、思想品德课的要求，之后又逐渐明确提出了两者有机融合的要求，但在教材中如何体现一直是个难题。虽然高校思政课先后经历的“85方案”“98方案”实现了课程体系的不断优化，但教材中都没有很好地体现道德教育与法治教育的内容融合要求。2005年出台的“05方案”将道德教育与法治教育整合成一门课程、一本教材。另一方面，《思想道德修养与法律基础》教材于2006年首次出版后，经历了2007年、2008年、2009年、2010年、2015年、2018年多次的修订完善。在此基础上2021年出版的《思想道德与法治》教材，及时充分反映了道德教育与法治教育的

理论和实践创新成果，聚焦学术前沿、凸显问题意识，教材内容体系不断完善。然而应该看到，虽然不断修订的各版本教材一直在试图解决道德教育与法治教育之间的内容衔接与融合问题，但效果并不令人十分满意。吴潜涛教授曾在《提升“思想道德修养与法律基础”课教学质量的几点思考》一文中指出：“教材中‘思想道德修养’与‘法律基础’这两部分内容的有机融合、‘法律基础’部分的内容安排以及教材的归宿点等问题，都需要在进一步深化研究的基础上进行修订和补充。”[①]尤其是上文提及的教材中道德教育内容与法治教育内容的融合分离反复，在一定程度上影响了师生对相关问题的思想认识和教学实践。

仔细研究教材发现，2013 年以前的“基础”课教材中法律部分内容占到教材的 20％左右，2013 年、2015 年改版以后，法律部分增加至 35％左右，2018 版、2021 版的教材中法律部分由三章压缩成了一章，其内容体量大约减少了 30％。由此可以看出，虽然我们一直强调道德教育和法治教育并重，但是，在实际的教材内容安排上，道德与法律两部分存在章节比例失衡现象。进一步的研究发现，对比 2013 年版和 2015 年版教材，前者有一个很好的尝试，那就是在最后一章中将道德规范和法律规范共同落脚于公民的公共生活、职业生涯、婚姻生活和个人品德养成。虽然此次调整不够彻底和完善，但却是一次有意义的探索。可惜的是，这种探索在后续的教材修订中没有坚持下来。

三、课程预设目标要求与实际教学实施之间的脱节问题一直存在

纵观教材变化发展的历史，从体系结构到章节设计、内容安排，再到话语体系的转换，教材本身一直存在短板和薄弱环节，没有很好地体现道德教育与法治教育内容的有效衔接与有机交融。然而，无论是课程分立时期的道德教育课程、法治教育课程，还是课程整合后的“基础”课、“思想道德与法治”课，都在课程目标设置中明确了道德教育与法治教育相结合的要求。这就需要教师按照习近平总书记关于“要用好课堂教学这个主渠道，思想政治理论课要坚持在改进中加强，提升思想政治教育亲和力和针对性，满足学生成长发展需求和期待”[②]的要求，在教学过程中及时把教材体系转化为教学体系，从理论探讨和实践操作等不同层面做出不懈努力。此外，在理论研究与实践操作方面也都差强人意。虽然在文献检索中可以发现一定数量讨论道德教育与法治教育相结合的文章（主要

---

① 吴潜涛：《提升“思想道德修养与法律基础”课教学质量的几点思考》，载《思想理论教育导刊》2017 年第 9 期，第 32 页。

② 习近平：《论党的宣传思想工作》，人民出版社 2020 年版，第 277 页。

发表于“05 方案”之后)，但这些文章简单重复现象严重，大多集中于阐释道德教育与法治教育相结合的理论依据和实践价值。探讨教学具体模式与方法的论文也同样高度重复，且主要是宏观层面的原则性意见建议，真正能够具体运用到教学实践中、可实际操作的有用成果不多。在一般意义上研究道德与法律、德治与法治关系的著作繁多，思政课教辅用书也数不胜数，但尚未发现从课程教学视角专门研究道德教育与法治教育关系的专著和教辅用书。这也可以从侧面表明，道德教育与法治教育有机融合在实际教学工作中开展得不够。

此外，教师在课时安排上，也存在道德和法律教学课时分配比重不均的现象。虽然在课程目标设置中明确了道德教育与法治教育相结合的要求，但是由于法律部分的篇幅在教材中处于相对劣势的地位，使得教师在课时安排上自然而然地偏向道德教育内容。这就导致“基础”课道德教育和法治教育两部分的课时比例失衡，法治教育的教学课时比重明显偏少。同时也使得法治教育的教学安排处于边缘位置，导致教学目标和教学效果出现分离。这种状况如果不加以改变，就会出现重德轻法、以法辅德、思想道德教育统摄法治教育的尴尬局面，这在一定程度上加重了道德教育和法治教育融合的难度。

以上主要对国家、高校层面推进道德教育与法治教育的历史作了简要回顾，重点分析了课程体系及教材内容的变化情况。我们充分肯定相关工作取得积极进展，也明确指出了有待加强的短板和薄弱环节。实际上，另一个重要的方面是一线教师的教学组织实施情况，这将在下一章作详细讨论。

第三章 道德教育与法治教育有机融合的现实考察

第一节 道德教育与法治教育有机融合的推进依据

当前，在"思想道德与法治"课教学中进一步推进道德教育和法治教育的有机融合，不仅具有必要性和紧迫性，而且其可行性也具有充分的理论依据和明确的政策支持。探讨相关的理论依据、梳理相关的政策法规，有利于发现问题和归结问题的成因。

一、两者有机融合的理论依据

培养有理想有本领有担当的时代新人，必须着力于培养大学生的综合素养，特别是良好的思想道德素质和法治素养。因此，积极推进高校道德教育和法治教育的有机融合，是尊重人才培养规律和教育教学理论的要求。而二者之所以能够有机融合的根源在于，虽然道德和法律都具有调节人们思想行为、协调人际关系，规范社会秩序的作用，但两者在调节范围、功能定位和实现方式等方面又各有偏重和差异，需要相互支撑、功能互补。道德为法律的正当性提供道义支持，法律为道德践行提供强力制度保障。同时，道德与法律之间存在着相互渗透的关系，具体表现为道德的法律性和法律的道德性。[①] 道德的法律性表现为某些道德规范往往具有一定的法律效力，法律的道德性表现为法律会体现一定的道德精神。如现行教材中对"爱国主义"的规定，爱国既是道德要求又是法律义务；"婚姻法"对夫妻忠诚的规定既是法律规定也是道德期许。大学生在具体社

① 戴秀丽，王晓静：《高校德育与法治教育有效融合研究》，载《北京教育（德育）》2017 年第 1 期，第 24-27 页。

会实践中受到道德和法律的双重规范，讲清楚道德的法律性和法律的道德性有助于大学生理解道德与法律的辩证关系，为其接受道德教育与法治教育的融合奠定逻辑理论基础。

中国特色社会主义思想道德建设和中国特色社会主义法治建设紧密联系，相互促进，为中国特色社会主义事业发展提供坚实的思想基础、精神支撑和法治保障。坚持和发展中国特色社会主义，既要发挥思想道德的引领和教化作用，又要发挥法律的规范和强制作用。[①] 也就是说，道德和法律在价值上具有统一性，在功能上具有互补性，这就决定了道德教育和法治教育功能也是互补的。同时，道德教育和法治教育还是相互渗透的，道德教育是法治教育的基础，任何法律的有效实施都需要人们内心自觉遵守，法治教育也只有得到人民内心的道德支持，法律的权威地位才能稳固。法治教育则是道德教育的保障，现实生活中仅仅依靠单纯的道德教化不足以解决社会冲突，而法治教育中的强制性特征可以弥补道德教育的柔性与不足之处。因此，法律和道德、道德教育和法治教育不是分离关系，而是一种双向互动、相互交叉的互补关系。对于高校的道德教育和法治教育来说，二者的目标是契合的，内在价值是统一的，只是表现方式上有所不同，最终目的是培养大学生形成正确的政治观、道德观和法治观，为中国特色社会主义事业输送合格的建设者和接班人。

（一）目标旨归的契合性

从教育活动目的角度来说，教育是一种提高人的综合素质的活动，围绕着人的培养展开，为谁培养人、怎样培养人、培养什么人是社会主义教育的根本问题。法治教育与道德教育作为一种有目的、有意识和有计划地提升受教育者素质的教育活动，二者在目标旨归上具有明显的契合性。因为二者从本质上来说，在培养什么样的人、怎样培养人、为谁培养人这三个方面的目标导向具有一致性。

首先，在培养什么样的人的问题上，法治教育与道德教育的根本目标都是要将大学生培养成为遵纪守法、品德高尚的优秀社会人才，使其具备良好的法治素养和道德素质，能正确处理个人利益和集体利益之间的关系。党的十九大提出“培养担当民族复兴大任的时代新人”，这个时代新人要有理想情操、有本领担当，承担起自己的历史使命和时代责任。其次，在怎样培养人的问题上，高校必须贯彻落实依法治国和以德治国相结合的思想，正确把握大学生法治教育与道德教育的辩证关系，在教学过程中推动两者相互融合、相互深化，从而使国家各项方针、政策和路线能够及时高效地得以传播。同时，思政课教师要从新时代大

① 本书编写组：《思想道德修养与法律基础》，高等教育出版社 2018 年版，第 6 页。

学生的思想实际出发，调研、了解新时代大学生在道德与法律方面的困惑、渴求与期待，要真正解决大学生在成长过程中面临的实际问题，突出问题意识，让道德修养和法治观念在大学生中得以内化于心和外化于行。最后，在为谁培养人的问题上，在国家治理中法治与德治是相辅相成、不可分割的统一整体，贯穿于国家社会治理中的全过程和各个方面。加强对大学生的法治教育与道德教育，能够使其有序参与社会政治生活，掌握参与管理国家和社会事务所必需的知识、能力和素养，从而为推动国家进步、社会和谐和民族复兴贡献力量。2018 年，习近平总书记在全国教育大会上指出，我国是中国共产党领导的社会主义国家，这就决定了我们的教育必须把培养社会主义建设者和接班人作为根本任务，培养一代又一代拥护中国共产党领导和我国社会主义制度、立志为中国特色社会主义奋斗终身的有用人才。2019 年，习近平总书记在学校思想政治理论课教师座谈会上又一步强调，我们党立志于中华民族千秋伟业，必须培养一代又一代拥护中国共产党领导和我国社会主义制度、立志为中国特色社会主义事业奋斗终身的有用人才。这为中国特色社会主义高等教育事业发展指明了方向，为新时代我国高等教育的改革发展提供了根本遵循。

人的思想道德水平的发展是知、情、意、行相统一、相结合的辩证发展过程。从教育目标角度来说，大学生道德教育和法治教育有着共同的价值目标，即实现和促进大学生的全面发展，培养出合格的社会主义建设事业的接班人。道德教育与法治教育的价值之所以能够统一，从根源上取决于道德与法的价值本身就具有统一性，具体体现在政治价值、经济价值、文化价值上是相统一的。道德与法的目标统一性体现在以下三个方面：首先，道德与法律都属于行为约束手段，目的都是保障社会秩序的稳定，二者的不同之处在于道德是从内心层面约束人的行为，是一种主观约束，法律则是从人的外在行为表现上规范人的行为，是一种客观约束；其次，道德和法律都追求公平和正义，法律作为公平和正义的制度化载体，就应当体现公平和正义，这同时也是道德的要求，没有良好道德支撑的法律也终将会以失败告终；最后，道德与法律都主张权利和义务相统一，并且权利和义务是对等的，没有无权利的义务，也没有无义务的权利。良好的道德规范都是权利与义务的统一，法律也是权利和义务的统一体，二者如影随行。法律运行是要靠人来执行的，干部群众的思想道德观念，决定着他们遵纪守法的水平和执行法律的状况。社会主义法治国家的建设，不仅要靠法，而且要有相应的思想道德基础。综上所述，道德和法律在目标上是统一的，都是为了规范社会成员的行为。道德教育和法治教育的目标也是统一的，就是实现大学生自身的全面发展，培养有良好道德素养、遵纪守法的好公民，培养出国家建设所需要的人才。

从马克思关于人的自由全面发展理论来说，一个人的全面发展不仅包括智力和体力的全面发展，也包括道德品质、性格心智的完美健全等。大学生的道德教育和法治教育是马克思主义思想政治教育理论的重要组成部分，道德教育和法治教育的目的就是实现个人在素质上的全面发展。在《德意志意识形态》中，马克思和恩格斯明确提出了"人的全面发展"论题，强调只有人的素质的全面提升和个性的自由发展，社会才能因此充满生机和活力。"人的全面发展"理论是指导道德教育和法治教育融合的理论支撑之一。道德教育的目的是提升人们的素质，形成高尚的品德，法治教育的目的是让人们遵守社会规范，使行为符合社会要求。这二者在一定程度上体现了共同目标指向，即维护社会秩序，促进人的自由全面发展。这种自由全面发展并不是随心所欲的自由，也不是没有方向的发展，而是强调个体自身在智力水平、道德水准、法律意识等方面完满后，就能够展现自身能力，造福社会。所以从马克思自由全面发展理论角度来说，法治教育与道德教育的目的都是为了人的自由发展打牢基础，这体现了二者教育目标的契合性。

（二）价值基础的耦合性

虽然法治教育和道德教育是以不同领域的教育活动面目出现，但是在教育过程中二者却具有共同的价值基础。首先，道德教育和法治教育都属于上层建筑中的意识形态范畴，根据马克思主义经济基础决定上层建筑，上层建筑反作用于经济基础的基本原理，道德教育和法治教育都由经济基础决定，它们的价值基础也有一定的相同性。所以，法治教育与道德教育在发挥作用时不是彼此隔绝、孤立存在的，而是共同由经济基础决定，并且二者是相互作用、相互促进的。法治教育与道德教育的教育内容其实就是社会所提倡和拥护的思想观念、道德素质、法律规范要求等在具体实际教学活动中所要体现的内容，它们对社会思想风气的养成、社会价值取向形成等发挥基础性作用，通过调整人们之间的社会关系为经济基础服务。其次，道德教育和法治教育都是以人为核心，都是围绕着人展开，关注人的主体意识的实践活动。"一个种的整体特性、种的类特性就在于生命活动的性质，而人的类特性恰恰就是自由的有意识的活动。"①法治教育与道德教育从属于教育范畴，都强调对思想观念中的法治和道德思想进行改造，强调以人为本和对每个个体人格的尊重，培养主体意识，关注主体价值，最终使高校大学生能够自觉以主人翁意识参与国家与社会事务的管理。最后，道德教育和法治教育都是以追求人的自由全面发展为终极目的导向。依据马克思关于人的

① 王众威：《新时代青少年法治教育与道德教育融合研究》，载《山西青年职业学院学报》2019 年第 3 期，第 10 页。

自由全面发展理论，人的自由全面发展既包括物质层面，也内含精神层面。当人们满足了最基本的物质需求后，就会转向更高层次的发展需求，即注重精神生活，追求精神自由。法治教育与道德教育作为一种意识形态教育，主要是精神层面的教育，目标在于通过教育活动提高人的知识素养、法治素养和道德素质等，使人在思想和行为上符合社会规范要求，同时有效满足人们的精神需要，促进人在精神层面的自我发展，最终推动人的整体的自由全面发展。

除了受经济因素影响之外，道德教育和法治教育均归属于大学生思想政治教育，因此在实施的过程中也必然会受到思想政治教育价值基础的影响。“思想政治教育是指社会或社会群体用一定的思想观念、政治观点、道德规范对其成员施加有目的、有计划、有组织的影响，使他们形成符合一定社会、一定阶级所需要的思想品德的社会实践活动。”[①]思想政治教育的根本目的是要不断提高人们的思想政治素质，促进人的自由和全面发展，帮助人们树立、践行国家和社会提倡的思想行为规范。为了实现这一目标，思想政治教育的内容就包括世界观教育、人生观教育、政治观教育、法制观教育、道德观教育等多个方面的内容。其中，道德教育和法制教育是对大学生进行思想政治教育的重要内容，其目的是通过加强关于道德和法律知识的学习，培养大学生自觉守法、自觉规范自身行为的意识，提升思想道德素养。所以，在教学中必须促进二者的有机结合，才能提高教学效果和人才培养质量。依据中共中央、国务院印发的《关于进一步加强和改进大学生思想政治教育的意见》的要求，各个高校要把《公民道德建设实施纲要》作为道德教育的重要内容，要积极引导大学生自觉遵守爱国守法、明礼诚信、团结友善、勤俭自强、敬业奉献的基本道德规范。因此，道德教育是大学生思想政治教育的重要内容。事实上，这些内容和要求长期以来一直是高校对大学生进行思想政治教育的重要内容。此外，高校开展法治教育，不仅要使大学生掌握一些法律常识，更重要的是通过学习法律知识，提高他们内心的法制观念和法治意识并外化于行，最终形成自觉遵纪守法的思想和行为习惯。

（三）育人功能的互补性

法律和道德都有各自的优势，也都存在一定的局限性。虽然道德教育和法治教育都有育人功能，但两者在教育方式和教育内容上呈现出不同特点。这里主要通过对比分析道德和法律的作用功能，以此论证道德教育和法治教育在育人功能上的互补性，只有让两者优势互补才能发挥出最大作用。

道德主要以社会舆论、谚语、格言、习俗、内心信念等形式存在。它主要通过

---

① 陈万柏，张耀灿：《思想政治教育学原理》，高等教育出版社 2007 年版，第 4 页。

道德的认识、规范、激励、导向、教育等功能的发挥来产生社会影响及效果，并不一定都有可以具体操作的明文规范。相比较而言，法律有明确的规定、具体的条文律例，因此具有较强的可操作性。从道德和法律两者构成的内容看，道德主要是由义务性规范组成，法律既包含权力性规范又包含义务性规范。道德比较侧重于对他人、对社会履行义务，法律则追求权利和义务的一致性。道德规范具有主动性、非强制性，是人遵从内心信念对自己积极的、主动的约束。正是因为道德的这些特征，因而在调控人的行为时就不可避免地存在着缺陷，道德约束产生的结果往往具有不确定性。具体而言，由于道德实践主体对于道德知识认知的不确定性、道德规范激发的道德实践主体动机的不确定性以及推动道德践行中组织的不确定性，导致道德规范调整社会行为的效果具有很大的不确定性。相比之下，法律规范具有很大的被动性和强制性特征，要求人去被动地执行和服从法律。因此，在道德调控不力的地方，就要借助法律规范要求的明确、稳定以及强制性，对社会成员的行为加以约束，以弥补道德调节的不足，实现道德无法完成的任务。

法律是一种外在的、他律的、强制性规则，道德是一种内在的、自律的、非强制性规则。道德规范通过激起人们思想和情感的共鸣来实现对人们行为的约束，这种道德约束可以触及人们的心灵深处，从而产生让人们自觉遵守和维护社会秩序的效果。因此道德规范一旦被人们彻底认可和接受，就能产生最彻底的社会效果，从而能够根治社会越轨失范行为。而法律规范则是依靠法律条例对人们的行为进行判断，看是否合法合规。法律是通过强制性的、外在的力量抑制人的非理性冲动，进而达到制止人们作恶、稳定社会秩序的目的。但法律往往只能禁止人们做坏事，并不能强行要求人们做善事。一旦法律的威吓力量失灵，恶的行为仍然只能为恶，不能转变为善，因此法律对越轨失范行为的控制只能起到暂时的作用，不能根治人内心的非理性冲动。道德与法律二者的调整范围不同。道德能够调控的范围相对要广，它既是价值观念又是一种行为准则，可以约束人们的思想，规范人们的行为。人们的社会行为都是在一定的道德意识支配下进行的，道德产生的基础就为了调控物质利益关系和社会交往关系。法律只能调整人们的行为，但是约束不了人们的思想，它只能对专有领域进行调整，目的是维持社会稳定。实践中不管法治这张天网如何恢恢，但在一定时间、一定范围内常常会有漏网之鱼；不管法治调整的范围多么广阔，总有鞭长莫及的地方。从这种意义上来说，凡是法治不及之处，皆是德治用武之地，法治不可能完全取代德治。正是因为如此，在社会治理的过程中必须注重发挥道德与法律的相互补充作用。

虽然法律和道德都是对人们的社会行为进行规范的手段，但两者的作用方式及功能有不同之处。对于道德教育和法治教育来说，二者的教育方式其实也有不同之处，法治教育主要是作为“他律”教育方式存在的，道德教育主要是作为“自律”方式存在的。虽然法律主要是依靠国家机器所采用的强制性手段起作用的，道德主要是依靠人们自己内心中的道德认同感起作用的，但是，可以通过对学生进行法治教育让学生树立坚定的法律信仰，形成内心的“法律”，这样的话“他律”就转化为“自律”了。当一个人的行为违反了社会规则秩序，首先惩罚他的是来自内心深处的良心谴责，然后才是来自社会舆论的抨击乃至法律的惩罚。法治教育的侧重点在于“他律”惩罚，它虽然不能惩罚人们的思想，只能制裁违法和犯罪的行为，但法律的严厉制裁后果恰恰可以给予人们不敢以身试法的警示教育。从教育的深度上看，道德不仅调整人们的外部行为，还调整人们的动机和内心活动，它要求人们根据高尚的意图而行动，要求人们为了善而去追求善。法律尽管也考虑人们的主观过错，但如果没有违法行为存在，法律并不惩罚主观过错本身，即不存在“思想犯”。从调整对象的广度上看，由法律调整的事物，一般也由道德调整。当然，也有些由法律调整的领域几乎不包括任何道德判断，如专门的程序规则、票据的流通规则、政府的组织规则等。在这些领域，法律的指导观念是便利与效率，而非道德。

综上所述，法治教育和道德教育各自在功能上的优势可以弥补对方的劣势，二者结合能够共同发挥最大作用。法治教育与道德教育各有所长，高校既要培养大学生高尚的道德情操，又要树立其良好的法治观念，做到内力与外力协调互补，内外兼修，形成强大的合力，才能收到良好的效果。在这个基础之上去理解高校的道德教育和法治教育相结合的问题是十分重要的，要想实现高校中道德教育和法治教育的完美结合就要注重自律和他律的结合。道德教育主要通过向教育对象传达、灌输正确的思想，采用建议、评价等方式，要求受教育者自觉遵守道德规范。道德教育的目的是将道德内化于心、外化于行，因此道德教育的影响比较持久，调节的范围也较为广泛。但是当出现违法犯罪行为时，这时已经超过道德可以调节的界限，道德的作用就无法发挥了，于是就需要外在的法律这种强制性力量对这种行为进行惩罚和调节。道德教育主要培养学生正确的思想观念，提升自身道德素养，法治教育的目的是让学生学习法律知识，做到遵纪守法。这两者的关系是都要坚守法律防线，在这个基础之上提升大学生的道德素养。因此，法治教育与道德教育各有所长，高校既要培养大学生高尚的道德情操，又要树立其良好的法治观念，做到内力与外力协调互补，内外兼修，形成强大的合力，才能收到良好的效果。

道德和法律在不同的历史时期和某些特定情况下会相互转化，“道德的法律化”和“法律的道德化”具体体现了两者的互动发展趋势。一些道德随社会的发展，其重要性逐渐凸现出来，当违反这些道德产生的社会危害性足够大时，立法者就有可能将之纳入法律的范畴。反之，某些过去曾被用法律加以禁止的行为，随着社会的发展及人们观念的改变，有可能退出法律领域而转为道德调整。但总体而言，道德之于法律的基础作用被人们广泛认同，没有道德基础的法律，是一种“恶法”，无法获得人们的尊重和自觉遵守。正如法国启蒙思想家卢梭所言，一切法律中最重要的法律，既不是刻在大理石上，也不是刻在铜表上，而是铭刻在公民的内心里。法律的权威更主要源于民众内心对法治的信仰。

在社会主义国家，道德和法律都是人民意志的体现，道德教育与法治教育都具有抑恶扬善、服务于社会和个人全面发展的共同正义价值取向。在“基础”课教学中，道德教育与法治教育可以有机融合于公平、正义、民主等价值信仰教育，统一于思想政治教育的整体目标。习近平总书记指出：“法律是成文的道德，道德是内心的法律，法律和道德都具有规范社会行为、维护社会秩序的作用。”[①]法律与道德相辅相成，相得益彰，调控范围上相互补充。法治教育与道德教育更是在育人功能上各具优势，各有侧重点，因此二者在育人功能方面是相互补充的。一方面，道德教育是法治教育的基础，道德标准随着时代的发展而不断变化，道德规范可能上升为法律规范。道德教育为法治教育提供了一定的价值标准、道德标准和行为取向，能够使人们自觉支持、拥护和遵守法律，从而将这一强制性特征的法律转化为道德这一内心的“自律”，内化于心。高校的道德教育目的是将道德观念灌输给学生，让学生形成一种非强制性的、内在的力量来约束自身的行为。相比于法治教育，道德教育的调整范围更为广泛，学习的内容也较为宽泛，评判标准更为灵活，能够为法律的内化提供良好的思想基础和道德观念。法律只有契合人们内心的道德情操、道德标准和行为准则并成为德性的法律时，才会自觉被认可和接受。另一方面法治教育是道德教育的保障。法律脱胎于道德，道德具有层次性，法律通常是其中更为具体的、可实践的底线道德，法律体现道德的价值意蕴，法律为道德实践提供制度保障。法治教育是道德教育的开端，高校中的法治教育就是以自身外在的强制性，促使学生产生与道德相适应的行为规范，进而对法律产生强烈的道德认同感；使学生自觉产生和养成道德“底线”思维，能够清晰认识到法律规范是社会生活中的最低社会规范，是道德规范的“底线”。道德教育和法治教育二者的互补性就在于它们共同作用可以逐步把硬性教育发展为软性教育，他律转化为自律。因此，要将法治教育与道德教育有机结合起来，实现在育人功能上的优势互补，形成强大的教育合力，实现内化与外化、他律与自律、强制与自觉的有机统一。从一定意义上来说，道德教育是基础，

① 中共中央宣传部：《习近平总书记系列重要讲话读本》，人民出版社 2016 年版，第 90 页。

法律教育是底线，两者不是孤立产生影响的，加强法治教育有助于道德品质的培养，进行道德教育可以为法治教育提供保障，二者相互配合共同作用于高校的思想政治教育中。

二、两者有机融合的政策导向

在大学进行道德教育和法治教育相结合本身就是落实依法治国和以德治国相结合要求的体现。历届党和国家领导人都高度注重法治与德治在社会治理中的地位和关系，对大学生道德教育与法制教育具有指导作用和规范意义的文件也有很多。如《公民道德建设实施纲要》《国家中长期人才发展规划纲要（2010—2020 年）》《国家中长期教育改革和发展规划纲要（2010—2020 年）》以及《新时代公民道德建设实施纲要》等重要文件，均明确道德教育要贯穿国民教育之中，培养和提高各级各类人才的思想道德水平。江泽民强调在建设社会主义市场经济的过程中，要不断加强社会主义的法制建设和道德建设，保证社会的平稳运行二者缺一不可。胡锦涛在论及建设社会主义和谐社会时指出，和谐社会应当是民主法治、公平正义、和谐友爱的社会，强调社会建设要坚持法治和德治的统一。党的十八大以来，习近平作出了更多、更详细的关于法治和德治相结合的论述，开创了国家治理的新局面。2020 年 11 月，习近平总书记在中央全面依法治国工作会议上强调："要坚持依法治国和以德治国相结合，实现法治和德治相辅相成、相得益彰。"习近平关于依法治国的思想是对马克思主义法治思想的继承，内容丰富，体系完善。坚持德治和法治相结合是全面建设社会主义现代化国家的必然选择。依法治国需要建立、完善依靠国家强制力支撑的法律规范体系，以德治国需要建立、完善依靠社会舆论支撑的道德规范体系，法治体现了外部强制性和规定性，德治体现了自觉性和自律性。对一个国家的治理来说，法治与德治，从来都是相辅相成、相互促进的，二者缺一不可，也不可偏颇。

（一）依法治国与以德治国相结合是实现二者结合的政策导向

中国共产党一直都很注重道德和法律在治理国家中的地位和作用，认为依法治国和以德治国应当是相辅相成的。新中国成立后，以毛泽东为代表的中国共产党人高度重视德治在国家治理中的重要作用，以马克思主义伦理思想为指导，在批判继承中国传统德治思想的基础上，丰富和发展了马克思主义德治理论。毛泽东特别强调要将马克思主义道德观与中国社会实际相结合，与中国传统文化相结合。与此同时，毛泽东高度重视依法治国。1949 年新中国成立前夕，中国人民政治协商会议第一届全体会议首先通过了具有宪法性质的《中国人民政治协商会议共同纲领》(简称《共同纲领》),毛泽东阐述了依法治国的重要性。1954年我国制定出台了新中国第一部宪法,对立法工作提出了许多重要原则,随后陆续出台了一系列的法律、法规和命令,并要求全国人民必须维护宪法,遵守法律法规,依法办事。党的十一届三中全会后,我们国家进一步强调要坚持发展社会主义民主,健全社会主义法制。邓小平在1980年中共中央工作会议上直接指出,要继续发展社会主义民主,健全社会主义法制,特别强调法制的重要性。邓小平明确指出:"没有民主就没有社会主义,就没有社会主义的现代化";"必须使民主制度化、法律化,使这种制度和法律不因领导人的改变而改变,不因领导人的看法和注意力的改变而改变"。[①] 今天我们国家的"德治"强调在治理国家过程中要充分发挥道德的作用,这里的"德"是指以为人民服务为核心的思想道德规范,根本上是指维护全体人民利益的社会主义道德。

以江泽民同志为核心的党的领导集体在承继马克思列宁主义、毛泽东思想和邓小平理论相关道德及法治思想的基础上,进一步丰富完善了依法治国基本方略,明确了以德治国的基本内涵。党的十五大将过去"建设社会主义法制国家"的提法,改变为"建设社会主义法治国家",极其鲜明地突出了"法治"的新理念。江泽民在党的十五大报告中指出,依法治国,就是广大人民群众在党的领导下,依照宪法和法律规定,通过各种途径和形式管理国家事务、管理经济文化事业、管理社会事务,保证国家各项工作都依法进行,逐步实现民主的制度化、法律化,使这种制度和法律不因领导人的改变而改变,不因领导人看法和注意力的改变而改变。1999年,全国九届人大二次会议通过的《中华人民共和国宪法修正案》第五条第一款规定:"中华人民共和国实行依法治国,建设社会主义法治国家。"将"依法治国"正式写进宪法是具有划时代意义的事件,标志着中华人民共和国治国方略的重大转变。在2001年全国宣传部长会议上,江泽民指出:"我们在建设有中国特色社会主义,发展社会主义市场经济的过程中,要坚持不懈地加强社会主义法制建设,依法治国,同时也要坚持不懈地加强社会主义道德建设,以德治国。"[②]"以德治国"就是要以马列主义、毛泽东思想、邓小平理论为指导,以为人民服务为核心,以集体主义为原则,以爱祖国、爱人民、爱劳动、爱科学、爱社会主义为基本要求,以职业道德、社会道德、家庭美德的建设为落脚点,积极建立适应社会主义市场经济发展的社会主义思想道德体系,并使之成为全体人民普遍认同和自觉遵守的规范。这样把属于精神文明的道德建设和属于政治文明

---

① 《邓小平文选》(第2卷),人民出版社1994年版,第168、146页。

② 中共中央文献研究室:《江泽民论有中国特色社会主义(专题摘编)》,中央文献出版社2002年版,第337页。

的法治建设结合并举，放到治理国家的基本方略的高度来论述，强调法治与德治二者相辅相成、相互促进、缺一不可。同时江泽民还对德治和法治的关系进行了具体分析，强调在我国社会主义现代化建设中，法治和德治都有着举足轻重的作用，二者是一个紧密联系的整体，二者相辅相成、相互促进，密不可分，在实际社会生活中只有将二者紧密配合，才能发挥出二者最大的益处。

以胡锦涛同志为核心的党的领导集体继续强调现阶段进行的经济、政治、文化和社会建设都必须与我国的基本国情相适应，必须不断完善中国特色社会主义法律体系，坚持依法治国和以德治国的政策方针，稳定有序地开展国家的各项工作。胡锦涛创造性地提出科学发展观的重要思想，创造性地提出了社会主义荣辱观和社会主义核心价值体系理论，这是对以德治国思想的重要贡献。社会主义荣辱观，不仅关系到思想道德建设和精神文明建设的推进，也关系到社会主义现代化建设的全局，为规范公民的道德行为指明了正确的方向，为构建社会主义和谐社会进一步指明了方向。在全社会形成良好的社会氛围，来提升全民尊法、全民守法的自觉性，这将会大大提升国家依法治国和以德治国相结合这一政策的治理效果。党的十七大更是直接提出要“全面落实依法治国基本方略，加快建设社会主义法治国家”①。这是着眼于建设社会主义政治文明，对国家治国经验的深刻总结。

中国特色社会主义进入到新时代以后，习近平多次强调要进一步全面推进依法治国，注重发挥法治和德治在国家治理和社会管理中的重要作用。党的十八大提出，倡导富强、民主、文明、和谐，倡导自由、平等、公正、法治，倡导爱国、敬业、诚信、友善，积极培育和践行社会主义核心价值观。富强、民主、文明、和谐是国家层面的价值目标，自由、平等、公正、法治是社会层面的价值取向，爱国、敬业、诚信、友善是公民个人层面的价值准则。社会主义核心价值观是当代中国精神的集中体现，既是个人之德，也是民族之德，凝结着全中国人民共同的价值追求。道德与法治是现代文明的根基与保障，二者与社会主义核心价值观紧密相关。和谐、公正、法治、爱国、敬业、诚信等社会主义核心价值观的构成要素，同样是道德与法治的重要组成部分。通过道德与法治的建设推动社会主义核心价值观的践行，将社会主义核心价值观融入道德教育与法治教育，是新时代贯彻落实依法治国和以德治国相结合的必然要求。通过这些论述可以清晰地看出，我国历来重视法治与德治的结合，强调不能忽视法治与德治两者的任何一个。道德是人们内心形成的无形的约束，对维系社会的和谐稳定有着重要的作用，同时还有助于推进法治国家建设。同时，当在社会主义建设过程中出现道德约束不了

① 中共中央文献研究室：《十七大以来重要文献选编》（上），中央文献出版社2009年版，第24页。

的不符合社会主义精神文明的现象时，就要加大法律惩罚的运用。因此，依法治国和以德治国都是社会主义建设、社会主义文明发展的重要保障。

2014年，党的十八届四中全会通过了《中共中央关于全面推进依法治国若干重大问题的决定》（以下简称《决定》），将坚持依法治国和以德治国相结合作为重要的实践原则，明确指出："国家和社会治理需要法律和道德共同发挥作用……既重视发挥法律的规范作用，又重视发挥道德的教化作用，以法治体现道德理念、强化法律对道德建设的促进作用，以道德滋养法治精神、强化道德对法治文化的支撑作用，实现法律和道德相辅相成、法治和德治相得益彰。"显而易见，《决定》强调我国进行社会主义国家治理必须坚持法治和道德双管齐下，同时并举，让两者发挥出各自的优势，相互补充，共同作用于中国特色社会主义事业。《决定》明确提出了依法治国和以德治国相结合，落实到学生的培养工作上就是要加强道德教育和法治教育。在国家重视以德治国和依法治国的大前提下，各类高校更应当积极响应国家政策号召，开展多种形式的法治和德治的宣传教育活动，将有形的法律和无形的道德相结合，在人们心中树立法律权威和遵守道德规范的意识。社会的发展不仅需要法治这种强制性的调控手段，也需要德治发挥独特作用，对社会秩序进行基础性的调整，德治和法治作为治理国家的两个基础性政策，缺一不可。

党的十九大报告明确指出，中国特色社会主义进入新时代，必须不断坚持法律和道德协同发力、同抓共用。报告同时指出，要以培养担当民族复兴大任的时代新人为着眼点，强化教育引导、实践养成、制度保障，发挥社会主义核心价值观对国民教育、精神文明创建、精神文化产品创作生产传播的引领作用，把社会主义核心价值观融入社会发展各方面，转化为人们的情感认同和行为习惯。2018年3月，十三届全国人民代表大会一次会议通过了《中华人民共和国宪法修正案》，将"国家提倡爱祖国、爱人民、爱劳动、爱科学、爱社会主义的公德"修改为"国家倡导社会主义核心价值观，提倡爱祖国、爱人民、爱劳动、爱科学、爱社会主义的公德"。

高校是进行道德教育和法治教育的重要阵地，高校中的大学生是中国的公民，更是我国社会主义建设事业的未来接班人，肩负着民族复兴的大任，因此更要认真学习和贯彻依法治国与以德治国相结合的思想。"法治教育和道德教育应该协调推进，共同促进社会发展和人的发展，使公民既具备高尚的道德素质，又具有良好的法治品质。"[①]对于大学生个人来说，需要自身将道德与法律结合起来进行学习，逐步提高自己的道德素质和法律素养，从而全面提高自身的综合

① 陈洁：《我国大学生法治教育研究》，复旦大学2012年博士学位论文。

素质，争取早日成为我国社会主义事业的合格接班人。对于高校来说，高校要以道德教育与法治教育相结合为政策导向来制定自己学校的道德教育与法治教育相结合的具体规章制度、教学内容、教学方法、教学目的等，努力做到依法治校与以德治校相结合，积极开展道德教育与法治教育相结合的课堂教学活动和课外实践活动。

（二）《公民道德建设实施纲要》要求道德教育和法治教育相结合

2001年中共中央印发的《公民道德建设实施纲要》（以下简称《纲要》）是高校开展道德教育和法治教育有机融合教学活动的重要行动指南。《纲要》主要从以下四个方面对道德建设和法治建设展开了论述。

首先，《纲要》强调教育是提高公民道德素质的基础，想要提升道德素质，就要发挥好教育的作用。这就要求党和政府要紧紧抓住影响人们道德观念形成和发展的重要环节，充分运用好家庭、学校、社会环境等推进道德建设的作用，坚持不懈地对全体公民进行道德教育，把中国特色社会主义的理想信念、社会主义核心价值观和道德要求，不断灌注到高校教育活动中和全体社会成员头脑之中，使人们懂得什么样的行为是对的、是符合社会要求的，什么样的行为是错的、是社会不提倡的，使评判道德行为的标准更加清晰明了。《纲要》特别强调了高校的作用，指出学校是进行系统道德教育的重要阵地，各级各类学校必须认真贯彻党的教育方针，全面推进素质教育，把教书与育人紧密结合起来，要科学规划不同年龄学生及各学习阶段道德教育的具体内容，坚持贯彻学生日常行为规范，加强校纪校风建设。《纲要》还对比分析了道德教育与法制教育的标准，把法制教育所要阐明的是否合法、是否有罪、哪些是权利、哪些是义务、此罪与彼罪、什么是法律提倡的、什么是法律反对的等内容与道德教育的相关内容进行比较，强调两者在价值标准上具有诸多一致性。《纲要》强调德治的目标是要建立起既与我国市场经济相协调，又与我国的法律体系相匹配的道德体系，实际上是在强调德治和法治的有机结合。

其次，《纲要》提出加强社会主义法制的建设。法律是作为最底线的行为要求规范，“加强社会主义法制，是公民道德建设健康发展的重要保证”[①]。《纲要》提出要按照建设社会主义法治国家的要求，推进社会的法制化建设，帮助人们形成规则意识，把道德建设与法制建设紧密结合起来。认真抓好全民法制宣传教育，加大执法力度，严厉打击危害社会的违法犯罪活动，维护正常公共秩序和生活秩序，为推进公民道德建设提供强有力的法律支持。学校中的法制教育要紧

① 中共中央文献研究室：《十五大以来重要文献选编》（下），人民出版社2003年版，第1991页。

密联系中国特色社会主义民主和法制的实际，有针对性地对学生进行思想教育。法制教育还要与其他教育有机地结合起来，将法制教育融入文化知识教育和思想教育之中，与全民普法教育结合起来，更要联系学生的思想实际来进行教育。

再次，《纲要》强调以德治国和依法治国紧密结合，使法治和德治在国家治理中相互补充、相互促进。《纲要》指出，要通过法制建设与道德建设、依法治国与以德治国紧密结合，促进公民道德建设工作不断深化和拓展，逐步形成与社会主义市场经济相适应的社会主义道德体系。《纲要》在进一步明确德治与法治相互关系的基础上，提出了将二者紧密结合起来的要求，并进一步具体提出了加强公民道德建设的实现途径。同时，在公民道德建设的指导方针中，坚持尊重个人合法权益与承担社会责任相统一，坚持注重效率与维护社会公平相协调，坚持道德教育与社会管理相配合，均体现了法治与德治的紧密结合，以及法治与德治的兼容性。《纲要》确定的公民道德规范反映出公民对待处理个人与个人、个人与集体关系的道德观念、价值取向、行为规范等。《纲要》虽然从名称上看是关于道德建设的实施纲要，但是里面也包含许多法律内容，这显然是从道德法治化的角度展开的。

最后，在《纲要》中强调了道德建设自律与他律的统一，指出了道德教育强调的是自律，而法制教育强调的是他律，二者不能相互替代但可互补。《纲要》指出，要在全社会形成以为人民服务为核心、以集体主义为原则、以诚实守信为重点的社会道德氛围，对公民广泛开展社会公德、职业道德和家庭美德教育，进而引导大学生自觉遵守爱国守法、明礼诚信、团结友善、勤俭自强、敬业奉献的基本道德规范，实现道德教育与法治教育相统一，自律与他律相统一。从道德层面来说，对于公民个人强调要引导公民加强自身道德修养，养成良好的道德习惯，严于律己，在社会交往中自觉遵守道德规范，履行相应权利和义务；从法治层面来说，同时又强调要看到法律在调节社会关系中起的作用，自觉遵纪守法，依靠法律规章制度、政策措施、行政手段、乡规民约、公众舆论和社会监督，规范和约束人们思想行为，逐步在全社会形成公平正义、扬善惩恶的良好风气，这反映了道德建设和法治建设的特点和规律。总的来说，《纲要》中的条例对于道德教育和法治教育相结合提供了政策支撑，说明了二者相融合的必要性，为高校开展道德教育与法治教育相结合提供了具体理论指导。

自《纲要》实施之后，它就成为我国公民道德建设的指南，公民的道德素质和法律素养有了较为显著的提升。但是随着国际社会文化思潮的不断涌入和国内经济社会的不断发展，公民道德领域中又出现了新的问题和挑战。由此，中共中央、国务院在《纲要》的基础之上，结合社会情况变化需要，在 2019 年 10 月又推出了《新时代公民道德实施纲要》(以下简称《新纲要》)。首先，《新纲要》进一步强调学校是对公民进行道德建设的重要阵地，要把立德树人作为引领，贯穿于整个学校的教学活动中去。学校应当坚持社会主义方向、坚持党的教育方针和政策，重视学生思想道德素养的培育，深化教育引导，把思想品德的培育纳入学生学业质量标准，构建德智体美劳全面培养教育体系。其次，《新纲要》在总体要求中明确指出要发挥社会主义法治的促进和保障作用，在法治过程中承载道德理念，让法治中蕴含道德，让道德滋养法治，二者共同作用于推动全民素质的提升和中国特色社会主义共同理想的实现。在学校中就体现为将道德教育和法治教育融合在一起，不厚此薄彼，促进学生的全面发展，培养担当中华民族伟大复兴大任的时代新人。最后，《新纲要》在重点任务中提到要坚持德法兼治，全面贯彻实施宪法，将社会主义核心价值观融入法治建设之中。具体来说就是要将社会主义核心价值观全面体现到中国特色社会主义法律体系中，在法律的制定、实施以及完善的过程中，都要体现道德理念，为良好社会环境的塑造提供保障。从《纲要》颁布到《纲要》的出台，充分体现了党和国家对道德作用的高度重视，突显了以德治国和依法治国相结合、道德教育和法治教育相结合的必要性。

（三）“05 方案”明确了高校道德教育与法治教育有机融合的目标任务

高校思想政治理论课是立德树人的关键课程，是对大学生进行思想政治教育的主渠道，也是对大学生开展道德教育和法治教育有机融合教学活动的主要平台。2005 年 3 月，中共中央宣传部、教育部出台了《中共中央宣传部教育部关于进一步加强和改进高等学校思想政治理论课的意见》(即“05 方案”)，“05 方案”的标志性成果之一就是把“思想道德修养”与“法律基础”这两门独立的课程整合成为一门新的“思想道德修养与法律基础”课。在此之前“法律基础”和“思想道德教育”已经分别开设多年，在一定意义上不利于道德教育与法治教育的有机融合。“05 方案”将“思想道德修养与法律基础”这门课的课程目标确定为主要进行社会主义道德教育和法治教育，帮助学生增强社会主义法治观念，提升思想道德素质，解决成长成才过程中遇到的实际问题。“05 方案”的这种课程目标定位对加强高校大学生道德教育与法治教育相融合具有重大意义，这是我们理解和把握课程整合背景下大学生道德教育与法治教育相互关系的基本政策依据之一。

“05 方案”中涉及道德教育和法治教育相结合的具体目标要求主要包括了三个方面。第一，“05 方案”提出要将社会主义道德教育和法治教育紧密结合在一起，同时还明确界定了“思想道德修养与法律基础”这门基础课的课程任务，强调“思想道德修养与法律基础”课并不是过去的“思想道德修养”和“法律基础”两门课的简单累加合并，而是追求二者更深层次的融合。因此，在教材编写方面为了避免道德教育和法治教育两大块的简单相加，体现教育内容的整体性要求，在具体阐述社会公共领域、职业领域和家庭领域这三大领域的道德和法律规范时，力求实现道德教育和法治教育的有机融合。第二，“05 方案”突出强调了该课程是道德教育和法治教育的统一，将帮助学生增强社会主义法治观念、提高思想道德素质，明确规定为该课程的教学目标。为了达到课程目标，就要针对大学生成长过程中面临的思想道德问题和法律问题，有效地开展马克思主义世界观、人生观、道德观和法治观教育，引导大学生养成良好的道德素质与法律素养，树立正确的价值观。“05 方案”要求教材编写要力求把帮助大学生增强社会主义法治观念，进一步提高社会主义道德觉悟，紧紧结合在一起。这必然要求教学中要强化道德教育与法治教育的有机结合。第三，“05 方案”强调课程教学要帮助学生解决成长成才过程中遇到的实际问题。尽管大学生在成长过程中可能遇到各种各样的问题，但无疑既有道德方面的，也有法律方面的，为了解决这些问题就必然需要在高校课堂中将道德教育和法治教育融合并举。实际上，课程所进行的社会主义道德教育和法治教育，共同承担着帮助学生解决成长成才过程中遇到的实际问题的任务。我们既要释疑解惑，帮助大学生解决生活中涉及的法律问题，引导他们建立正确的法治观念，教导他们通过合法途径保护自身的政治权、财产权、生命健康权和人身权等，还要引导学生树立正确的价值观和道德观，帮助学生解决在价值观形成、理想建立、处理人际关系以及学习生活中遇到的道德困惑，在帮助学生解决实际问题的过程中实现道德教育与法治教育的有机结合。

“05 方案”出台后，“思想道德修养”与“法律基础”两门课程被整合为“思想道德修养与法律基础”一门课程，新课程在新的历史起点承担起了新的教育职责和历史使命。国家后续不断推出一系列相关的规章制度，强调无论是道德教育还是法治教育，都要服从和服务于国家和社会发展的需要，明确了高校道德教育与法治教育的新目标、新任务、新要求，实质上为高校开展道德教育与法治教育有机融合教学活动提供了更多政策支撑。

三、两者有机融合的实践支撑

实践是人类生存和发展的最基本的活动，是人类社会生活的本质，是人的认识产生和发展的基础，也是真理与价值统一的基础。[①] 实践的观点是马克思主义首要的、基本的观点，马克思主义实践观强调实践在认识活动中具有决定作

---

① 本书编写组：《马克思主义基本原理概论》，高等教育出版社，2018 年版，第 56 页。

用。高校一直十分重视大学生的道德教育和法治教育的融合，同时也积极开展各种活动和措施来促进大学生道德教育和法治教育的融合。毛泽东曾说过："无论何人要认识什么事物，除了同那个事物接触，即生活于(实践于)那个事物的环境中，是没有法子解决的。"[①]习近平指出，中国特色社会主义法治道路的一个鲜明特点，就是坚持依法治国和以德治国相结合，强调法治和德治两手抓、两手都要硬。这既是历史经验的总结，也是对治国理政规律的深刻把握。那些"重知识教育、轻道德引导""重书本教育、轻教学实践"的认识是不合时宜的，要坚决纠正。高校中的日常教学活动、校园独有的校园文化活动以及学校组织开展的社会实践活动，都成为了道德教育和法治教育二者能够融合的实践支撑，证明了二者有机融合的可行性。

(一) 高校课堂教学过程体现了道德教育和法治教育相融合

学校中的日常教学工作是大学生接受法治教育和道德教育最重要的途径，它通过直接灌输的方式对大学生进行理论知识的输送，能够对其道德素质和法律素养产生直接的影响和提升。在课堂教学中，教师采取的教学方式和教学内容都体现道德教育和法治教育相融合。通过显性教育，即思想政治理论课的有效开展，以及隐性教育，即贯穿其他学科课堂之中的道德教育和法治教育相结合的方式，让大学生对法治和道德有更加深刻的认识。二者融合广泛涵育在"思政课程"与"课程思政"之中，充分发挥课堂主渠道、课程主抓手作用，实现"思政课程"与"课程思政"同频共振，形成协同育人效应，提升课堂育人效果与坚定师生理想信念，帮助学生树立正确的人生观和价值观。

一方面，从教学内容角度来讲，对大学生进行道德教育和法治教育主要集中体现在"思想道德修养与法律基础"这门课程中。本课程是中宣部、教育部规定的大学生的必修思想政治理论课之一，是大学生入学后第一门思想政治理论课。从名称中我们可以看出这是集道德教育与法治教育相合一的课程，是二者结合的具体课程支撑。《思想道德修养与法律基础》教材是课堂中主要的教学内容，教材中有"提升思想道德素质与法治素养"的内容，强调思想道德素质和法治素养是思想政治素质、道德素质和法治素养的有机融合，是新时代大学生必须具备的基本素质。[②] 教学中，高校思政课教师也主要是对这本教材的内容进行讲述，各高校有思政课集体备课研讨的优良习惯。除此之外，思政课教师还应该在教学过程中做好教材之外的相应补充，改变过去课堂上照

① 《毛泽东选集》(第1卷)，人民出版社，1991年版，第286-287页。

② 本书编写组:《思想道德修养与法律基础》，高等教育出版社2018年版，第5页。

本宣科的模式，在法治内容中补充道德教育，在道德内容中补充法治教育，将既是法治教育又是道德教育的内容结合起来进行讲授。在这里以对诚信内容的讲授为例。诚信既是道德规范，同时也是法律准则。所以在对大学生进行诚信内容的讲授时，要从道德规范和法律准则两方面进行讲解。从道德层面来看，现代社会中的诚实守信是由几千年中华传统美德流传演变至今的，目前仍是我们需要遵守的道德规范之一，它被纳入社会主义核心价值体系，由此成为社会主义荣辱观内容的一部分，要求我们在社会交往中要做到诚信待人、诚信处事。从法治层面来看，诚信是我国法律制定的基本原则之一，《民法典》中的法律条例制定都体现出了诚信的重要性，这就说明它由道德层面逐步上升到法律层面，是道德的法律化。所以，在对大学生进行诚信内容教育时，要从两个层面进行讲解，使其明确社会中的诚实守信既离不开道德的范畴，也离不开法律的范畴，从而使法治教育与道德教育更好地结合，加深大学生对诚信的理解和掌握。除此之外，还可以以尊老爱幼、拾金不昧、无因管理等内容为例，它们都体现了法律层面和道德层面相融合的内容。

另一方面，从教学形式上来讲，高校中道德教育和法治教育相融合集中体现在特定的思想政治理论课中，它成为支撑道德教育和法治教育相融合的关键。思政课教师进行课堂教学之前，在教师的教学理念与教学设计中就要引导学生建立道德教育和法治教育并重的教育观念。依据道德教育与法治教育有机融合的理论依据，我们知道要想实现大学生的全面发展，就要同时进行道德教育和法治教育，二者缺一不可，要把它们看作是一个整体共同融入于教学活动中去。在思想政治理论课中，教师在理论讲解的同时，会对社会中的一些错误观念进行剖析和批评。比如一些人认为法律是人们社会生活的底线，只要进行法律教育就足够解决在社会中面临的问题；还有人认为道德教育能够从根本上让人们树立遵纪守法的观念，因此只要将道德教育贯彻到底就不需要法律来发挥作用了，这两种说法都是非此即彼的错误观点，没有看到这两者单独调节所呈现出来的局限性特征。这时，教师在课堂上要树立两者并重的教育观念，逐步形成道德教育和法治教育的融会贯通，引导大学生形成重视道德教育和法治教育的良好习惯。教学中选用的案例，可以启发学生从道德视角和法治思维角度共同探讨、分析。总之，教师在教学活动中应采取道德教育和法治教育并重的教育观念和教学方式，帮助学生们树立正确的法治观念，提高其道德素养。

总的来说，高校课堂教学过程体现了道德教育和法治教育的相融合。不管是从教学形式角度来说，还是从教学内容角度来说，课堂教学都被证明是二者有机融合的最重要的支撑。

（二）校园文化活动是道德教育与法治教育相结合的表现

“文化的基本功能在于武装人、引导人、塑造人、鼓舞人，亦即培育人。人创造文化，文化又塑造人。”[①]校园文化被视为高校的精神和灵魂。校园文化活动是对大学生进行道德教育和法治教育的一个重要途径，可以通过潜移默化的方式对大学生进行道德和法治知识的传授，进而对大学生的素养和行为方式都产生影响。高校校园内的文化设施，以及组织开展的相关道德和法律的各类文化活动，都在一定程度上体现了道德教育和法治教育是相结合的，不是孤立存在的。因此，建立良好的校园文化、组织开展相关文化活动对提升大学生的道德素养和法治素养是十分重要的。

首先，校园文化设施建设是校园的显性文化，文化设施是进行校园文化建设最真实、最直观的物质载体，是衡量一个高校重视校园文化建设程度的重要指标。校园中学习区域与生活区域的物质设施功能完善，能够发挥学校文化设施对大学精神的传播功能。大学校园景观规划重在丰富校园环境的文化蕴涵，使自然美、人文美、艺术美相协调。校园文化设施建设可以在一定程度上对大学生的道德素养和法律素养产生有利的影响。因此，高校要完善多种多样的校园文化设施的建设，做好支撑道德教育和法治教育基础设施的建设，更好地为道德教育和法治教育服务。在课堂之外巩固和加深学生对道德和法治知识的理解，树立正确的道德观和法治观。

其次，校园精神文化建设是校园的隐性文化，是校园文化的深层内涵。在校园精神文化建设中，相关道德教育和法治教育校园文化活动的开展能很好地体现道德教育与法治教育的融合。办好大学生科技节、校园文化艺术节和大学生道德与法治案例分析大赛、模拟法庭对抗赛等，积极搭建校园文化活动平台，承办高水平文艺演出，提升校园文化层次。以第二课堂为依托，培养学生积极的兴趣爱好和良好的个性品质。全面推进校园文化活动的项目化运作，促进学生全面发展。在特殊节日时，如在消费者权益保护日，可以联合相关部门共同举办诚信知识进校园的活动，提升学生的诚信意识和维权意识，增强学生的道德责任感和法制意识；在法制宣传日时，举办法治教育知识问答竞赛，开展道德与法治辩论会。

最后，校园制度文化建设是大学文化的重要组成部分，是学校办学、治校的基本保证，也是道德的外化、法治的彰显。校园制度文化包括与高等教育相关的法律法规、管理制度。既要用制度管人，更要用制度服务人、培育人，通过

---

① 陈洁：《我国大学生法治教育研究》，复旦大学博士论文，2012年。

制度文化增强大学生遵规守纪的意识。建立和完善符合大学精神要求的内部管理制度体系，及时修订并执行学校的规章制度，如民主制度建设、廉政制度建设、师德制度建设、课程思政制度建设、安全保障机制建设、大学生奖惩机制建设等。高校校园制度文化建设正是道德教育与法治教育融合理念的制度化。

（三）社会实践活动是道德教育和法治教育相结合的实践支撑

高校中开展道德教育和法治教育已经不再是过去的仅仅通过课堂讲述来对大学生进行教育，而是充分利用社会实践的第二课堂来进行道德教育与法治教育，开展的思政课社会实践活动本身也是二者相结合的实践支撑。

一方面，学校开展的不定期的参观访问活动体现了道德教育和法治教育的融合。参观访问活动是学校组织学生去参观一些纪念馆、红色文化场馆、博物馆以及公检法、监狱等场所。在参观访问的过程中，学生亲眼见到、亲耳听到先辈们的革命事迹，感受中国几千年来的道德哲学思想，也能够身临其境地体会法律的威严。在这个过程中帮助大学生增强爱国主义意识，增强道德素养，提升法律认同。除了参观一些固定的场所之外，学校还可以带领学生去访问地方道德模范、能工巧匠、非遗传承人等以提高大学生的道德修养与规范意识；也可定期组织大学生去公检法部门实践锻炼，开展实务问答、庭审旁听、警示教育活动等以提升大学生学法、守法、用法的意识与能力。在这些活动中大学生可以同时受到道德教育和法治教育。

另一方面，高校建立的教育实践基地也体现了道德教育与法治教育的结合。高校由于教学活动的需要，建立一批教育实践基地。教育实践基地的类型主要有爱国主义教育实践基地、法治教育实践基地、思想政治教育基地、理想信念培育实践基地、心理健康教育实践基地、教育教学实践基地等，各个高校依据自身道德教育和法治教育的实际情况来选取适合自身的教育实践基地。通过一系列的实践基地教育活动，学生受到的道德教育与法治教育更加深刻。

总的来说，高校组织开展的社会实践活动体现了道德教育和法治教育相结合，同时也是二者结合的实践活动支撑。在这些社会实践活动中，学生们学习到了课本以外的道德和法律知识，这些知识通过理论和实践的结合真正成为规范大学生思想和行为的力量，帮助大学生思想逐步走向成熟。

第二节 道德教育与法治教育脱节的问题表征

一、课程教学目标隔离对立与失衡

教学目标是教师开展教学活动的指南，高校“基础”课、“思想道德与法治”课教学活动中存在着教学目标隔离对立与失衡现象，教学目标未能呈现道德教育与法治教育的内在统一性，未能实现二者的有效融合。

（一）强调道德教育与法治教育的学科属性忽视政治育人目标

“基础”课、“思想道德与法治”课是融思想性、政治性、科学性、理论性、实践性于一体的思想政治理论课。但在教学目标定位中错误地定位道德教育与法治教育的学科属性，不但道德教育目标和法治教育目标都出现了偏差，而且由此造成了两个教育目标的相互隔离乃至相互对立。部分教师把道德教育等同于纯粹的伦理教育，主要强调系统的伦理学知识传授，忽视了道德的社会主义价值取向教育，淡化乃至完全丢弃了“基础”课、“思想道德与法治”课教学中道德教育的思想政治教育属性。与此同时，部分教师把法治教育等同于纯粹的法律教育，特别注重系统的专业法律知识和专门法律技能培养，忽视了法治观念、法治意识和法治思维的社会主义价值观导向教育，淡化乃至完全丢弃了法治教育的思想政治教育属性。“基础”课教材中明确提出要“引导大学生提高思想道德素质和法治素养，成长为自觉担当民族复兴大任的时代新人”[①]。由于道德思维和法律思维存在一定的冲突、道德与法律的规范要求及作用形式不尽相同，容易导致教师在强调两者的学科属性时，忽视道德教育与法治教育的政治属性。

“基础”课、“思想道德与法治”课使用的是马克思主义理论研究和建设工程重点教材，道德教育与法治教育是教材内容的重要组成部分，归属思想政治理论课的教学范畴。坚持和发展中国特色社会主义既要发挥道德的引领和教化作用，又要发挥法律的规范和强制作用。二者都是上层建筑的重要组成部分，共同服务于一定社会的经济基础。在现代化发展进程中二者共同为中国特色社会主义事业发展提供坚实的思想基础、精神支撑和发展保障。因此，过多强调二者内

---

① 本书编写组:《思想道德修养与法律基础》，高等教育出版社 2018 年版，第 7 页。

容的非思想政治教育学科属性,道德教育目标与法治教育目标就不可避免地出现隔离、冲突和矛盾,乃至偏离思想政治教育的价值目标。

(二)道德教育与法治教育的目标权重不均

目前部分教师在教学目标设置中没能正确定位道德教育与法治教育的同等重要性,道德教育目标与法治教育目标权重失衡,常常出现用一种教育目标替代另一种教育目标的状况。部分教师认为法治教育是道德教育的一部分,“法律就是底线的道德”,特别重视道德教育目标而忽视法治教育目标。这部分教师认为,法律是包含于道德体系之中的一种底线道德,法治教育是一种事后的“救济教育”或纯粹的惩戒性教育,法治教育的作用有限,集中开展法治教育的必要性不大。因此,只要重视和把握好道德教育,不断提升学生的道德素养和道德行为能力,那么学生便很少违反社会道德,更不会违法犯罪。纠正日常教学中常见的认识误区,要看到现代社会的法律规范不只是底线的道德,现代社会法律要求不只表现为底线的惩恶性道德要求,也有扬善性的“高标”要求,虽以惩恶为主,但也有扬善的一面。也有部分教师强调法治教育的重要性,把法治教育目标置于道德教育目标之上。这部分教师认为,道德和法律分属社会治理的两个不同范畴,二者作用的对象、范围、方式以及评价标准不尽相同,在根本上是有差别的。同时强调道德对人的要求偏于宽、松、软,道德教育的实际作用有限,只有依靠法律的刚性要求和强制执行力才能有效控制人的言行,“当前需要法律胜过需要道德”。显然,以上两种观点都存在偏颇之处,我们必须认识到当前社会治理需要的是道德教育与法治教育的有机结合和相互补充,而不是用一种教育代替另一种教育。澄清以上错误认识有助于提升“基础”课中道德与法律关系问题研究的思维宽度和理论厚度,[①]只有将道德教育与法治教育的教学目标进行有机衔接,才能在相辅相成中实现思政课程的教学目标。

二、教材内容编排反复与教学内容安排失衡

教学内容是教师根据教材进行再组织,对学生实际讲授的内容,因而道德教育与法治教育在教学内容方面的脱节,一方面表现为教材内容安排的脱节,另一方面表现为教师课堂教学道德与法律内容的脱节。教材体系决定教学内容,道德教育和法治教育的脱节问题首先要追溯到道德教育与法治教育不断变化的教

---

① 李志强:《再谈新时代“思想道德修养与法律基础”课中的道德与法律关系问题》,载《思想教育研究》2020 年第 8 期,第 91 页。

材体系编排。

（一）教材内容编排表现为融合与分离的反复性

纵观教材内容体系的变化历史，道德教育内容与法治教育内容编排呈现了融合与分离的反复。高校思想政治理论课“05 方案”之前，道德教育与法治教育分别由“思想道德修养”和“法律基础”两门课承担。“05 方案”之后，新课程“思想道德修养与法律基础”开始将道德教育与法治教育内容统合成一本教材，但相关内容分列在各章节。2009 版和 2010 版教材曾做过将道德教育内容与法治教育内容有机融合的努力：教材第五章以公共秩序为中介，把道德和法律作为建立和维护社会秩序的两种基本手段放在一起比较分析，把公共生活中的道德规范和法律规范放在同一章处理；第六章第一节以职业为中介，集中阐释了职业与道德法律的关系、职业活动中的道德规范和法律规范，落脚于大学生职业道德素质与法律素质的培养；在第三节以恋爱婚姻观为中介，将家庭美德和婚姻家庭法律规范做两个目处理。但是，2015 版教材又将融合的内容剥离开了，特别是 2018 版教材又将原先分散在多章的道德教育和法治教育内容分别整合在第五章“明大德守公德严私德”和第六章“尊法学法守法用法”中，道德教育与法治教育内容又重新回到了分立单列的原点。教材编排体例上、形式上分割了道德教育与法律教育的融合，而且整体前重后轻的目录表象比较明显，对实际教学中的二者可能的割裂埋下伏笔。2021 版教材第五章、第六章虽然章的名称有变化，但在具体内容编排上与 2018 版基本没有变化。

（二）教学内容体系融合不够与内容权重失衡

科学创造和运用“基础”课教学内容体系，需要教师统筹教学内容的整体性和连贯性，但教师再创造的意识和能力不足，对实际教学内容体系的融合不够。通常认为，教材体系指的是教材所呈现的逻辑结构、章节布局、内容安排等；教学体系，是教材运用过程中，基于具体的教学需要，对教材内容及其展开逻辑等进行创造性的再组织、再设计而形成的教学内容安排。[①] 由此可见，教学体系与教材体系既有区别，又有联系，将教材体系转化成恰当的教学体系是教师发挥自身创造性、弥补教材不足、有效保障教学实效的重要环节。因此，只要教师具有有机融合意识和意愿，完全可以在教学中实现二者的有效融合。但在实际教学过程中，教师照本宣科，完全按现行教材体系将道德教育内容与法治教育内容割裂

① 本教材修订组，沈壮海：《思想道德修养与法律基础（2018 年版）》修订说明，载《思想理论教育导刊》2018 年第 5 期，第 27 页。

讲授的情况较为普遍。将教材体系转化为教学体系，教师愿意融合拓展是前提，教师有能力拓展则是根本保障。“基础”课、“思想道德与法治”课在道德教育与法治教育上的疏离很大程度上就是由于任课教师群体的融合能力薄弱使然。同时，目前课程整合道德教育与法治教育的障碍在于部分教师对相关理论认知不足，对相应现实问题关注不够，未能站在新时代国家治理格局之中动态辩证地认识德治与法治的平衡与张力。在教学课时安排和教学内容设置方面，大多数教师安排道德教育的课时多，讲授内容过多，而法治教育内容课时设置少，讲授内容过少。也有少量具有法律知识背景的老师讲授法治教育的内容过多，挤占道德教育内容。虽然在不同教师那里情况各异，但总体而言，教学过程中基本没有体现有机融合的应然要求。

三、教学方法与实践安排失衡

（一）教学方法选择与运用单一

教学目标和教学内容决定教学方式方法，依据既定的教育教学目标，根据教学内容选择适当的方式方法才能保证教学效果，这是基本的教育教学常识。对于“基础”课、“思想道德与法治”课教学而言，道德教育与法治教育的有机融合涉及道德与法律两个方面的内容，要想实现既定的教学目标保证教学效果，就必须恰当选择并综合运用多种教学方式方法，丰富教学活动安排。换言之，教学方法的科学选择与综合运用情况也是体现道德教育与法治教育是否有机融合的重要标志。

由于在教育目标设定和教育内容安排方面出现了问题，教育教学方式方法也不可避免地存在诸多问题。使用单一教学方法讲授单一教学内容的情况比较普遍，教师讲授“满堂灌”的现象经常存在。而综合使用专题教学法、比较教学法、案例教学法、情景教学法等方法，开展有机融合教学的努力明显不足。任何教学方法都是实现教学目标所采取的手段和途径，教学方式方法选择的好会得到事半功倍的教学效果，否则将大大降低教学质量。

运用专题教学法“意味着改变传统的按教材章节系统讲授的方式，依据统编教材及其教学基本要求，结合党的创新理论发展和社会现实，针对学生的思想实际，按照课程内容的内在逻辑关系对教材内容进行重组拓展，设计既相对独立又相互联系的系列专题,并围绕专题组织实施教学活动"①。比较教学法通常是指在教学过程中,把彼此之间具有某种联系的教学内容放在一起,通过强化对比分析,明确教学内容之间的区别与联系,从而保证教学实效的方法。因此,专题教学法、比较教学法对既有相关性或相似性,又有差异性或对立性的教学内容的适应性好、效果佳。道德与法律、法制与法治、德治与法治等教学内容恰恰具有这样的特点。但在实际教学中,很多教师没有很好地运用这两个方法深刻阐释上述诸范畴之间的区别与联系。虽然案例教学方法、情景教学方法被很多老师运用,但在选择案例时,法治案例与道德案例截然分开,情景设计过于简单。

(二)教育教学中的实践活动欠缺

真正培养大学生综合运用道德与法律的能力与素质,需要师生深入社会生活实践之中,积极开展社会实践活动,做实做好思政课实践教学。但目前很多高校实践教学安排的时间、课时与方式不规范,效果不尽人意。实践教学法是开展道德教育与法治教育有机融合的教学方法,理论与实践相结合的教学方式是最直观而有成效的思想政治教育手段。现阶段高校对大学生进行道德教育和法治教育主要以理论教学为主,教学实践活动较少。在课堂上,作为一本政治性、理论性、逻辑性较强的教材,部分教师在讲课时,未能运用理论与实践相结合、知识性与思想政治教育性相结合的教学方式,仅仅把理论知识生硬地灌输给学生或是蜻蜓点水式地面面俱到。特别是道德教育与法治教育融合基本上处于"纸上谈兵"状态。一些学校意识到这一问题试图做一些改变,但也只是加强了关于道德教育与法治教育有机融合必要性的理论教育,对于现实生活中能够体现道德素养与法治意识综合要求的代表性案例讲解较少,面对一些社会问题"浅尝辄止",缺乏系统的道德与法的综合视角深入分析,甚至不敢直视学生关注的社会热点问题和现象。这种教学方式容易导致学生的厌学心理,弱化了"基础"课应有的教学效果。加之思政课班级人数较多,场地和课时有限,组织课堂辩论、德法知识竞赛、案例分析大赛、演讲比赛等种种富有魅力的课堂实践教学活动有很大难度,教师大多只能采取传统的教学方式组织教学活动,最终导致课堂吸引力逐渐减少,大学生失去学习兴趣,主动交流探讨的活动更少。

---

① 陈大文,程娟:《论高校思想政治理论课专题教学的难点问题》,载《思想理论教育导刊》2019年第12期,第81页。

第三节　道德教育与法治教育脱节的成因分析

在“基础”课、“思想道德与法治”课的教学实践中，道德教育与法治教育存在事实上的紧张和脱节关系，形成了争夺教学资源、此消彼长的对立状态，这与课程本身原初设计的有机融合目标背道而驰。虽然问题产生的成因复杂，但基本可以归结为现实直接缘由、深层根源和制度因素三个方面。

一、现实直接缘由

（一）教师对教材体系表象误读，主观放弃道德教育与法治教育有机融合教学的努力

教师误解教材体系的编排逻辑和变化意图，主观放弃了开展有机融合教学的努力。如上文所述，“基础”课、“思想道德与法治”课教材中道德教育内容与法治教育内容编排呈现了两者“分立—融合—分立”的反复。虽然教材体系不等于教学体系，但这种反复无疑向教师传递了负面信息。不少教师认为道德教育与法治教育完全分离了，开展有机融合教学的必要性、合理性和可行性也大大降低了，于是又开始理所当然地分别开展道德教育与法治教育，理论讲解与案例选择只从道德或法治的其中一个视角讲解，主观上自动放弃了将两者有机融合的教学努力。

（二）教师自身知识体系欠缺，客观上放弃有机融合的知识积淀

部分教师受自身学科背景、知识体系的制约，客观上被迫放弃了有机融合教学活动的开展。开展有机融合教学才能提高“基础”课的教学效果，已经基本成为大多数教师的共识。但是，做到这一点需要教师具备法律、道德和政治等多方面的学科背景、丰富的知识储备和很强的教学技能。而现实中，“思想道德修养与法律基础”课的教师中既有伦理学或思想政治教育的学习背景，又有法律专业学习经历的教师很少，多数教师只是具备一个专业的学习背景。知识结构的欠缺导致他们在教学中很难灵活地将二者有机结合起来，道德教育与法治教育的有机融合仍然是“思想道德与法治”课教学中的一个难题。加之开展有机融合教学需要教师投入大量的时间和精力再造教学内容，备课量大，耗时费力，而思政

课教师普遍面临教学任务重、科研压力大的严酷现实。于是，不少教师只能依据自身学科背景和知识储备，有意或无意地偏重道德教育目标或法治教育目标，多讲道德教育内容或多讲法治教育内容，客观上放弃了有机融合的知识积累与教学尝试。

（三）大学生主体积极性有待提升，有机融合的主动需求意识欠缺

唯物辩证法认为外因是变化的条件，内因是变化的根据，外因通过内因而起作用。大学生的道德素质与法治素养的养成是在内外因共同作用下实现的。道德教育与法治教育有机融合的理论与实际意义重大，但大学生对融通道德与法治学习的认识尚需提升，主动需求不明显，影响了教师教学的积极性和实际教学效果。大学中“思想道德与法治”课是大学一年级开设的课程，大学生已经有初步的道德与法治知识与素养的积淀。中小学阶段的政治课中已经涉及了道德与法律的内容。中小学思政课教材统一称为“道德与法治”，不同年龄学段的书本知识侧重点有所不同。学校对政治课的重视程度不同，每个人对于道德与法的接受能力不尽相同，努力程度不同。大学生个体在接受教育时，能否认真地学习、思考、消化和实践，能否将中小学所学累积到大学阶段，能否在增强理论思维以及对现实把握的基础上自主自觉地做尊法守德的社会人，需要学生主观积极性的发挥。新时代大学生思想状况整体是健康向上的，同时也要清醒地认识到，伴随着经济全球化进程与社会转型发展，各种文化思潮和价值观念冲击着大学生的思想和心灵。相当一部分大学生不同程度地存在着政治信仰迷茫、理想信念不清、价值取向扭曲、诚信意识薄弱、责任感与规则意识不强、团结协作观念较差、心理脆弱等问题。大学生的动机意愿、已有的条件及努力的程度等影响着道德教育与法治教育有机融合教学改革的推进。

二、理念深层根源

（一）对道德教育与法治教育有机融合的目标认识不清

学界与教师对有机融合的重要性认识不够，直接影响教学计划的开展和教学成果的有效性。道德教育与法治教育有机融合不是简单地重叠相加，作为一门融思想性、理论性、政治性为一体的思想政治理论课，新时代“思想道德与法治”课的最主要任务就是培养大学生成长为自觉担当民族复兴大任的时代新人。道德教育与法治教育的目标都要坚持以人为本、促进大学生综合素质的全面发展。那么二者有机融合的根本目标自然也具有其特殊属性，主要是促进大学生

的法治素养与道德素质协同共进，要求教育教学更加注重教学内容的完整性和全面性，形成教学内容从“认知分化”到“总体整合”的体系架构。道德教育和法治教育二者有机融合重在引导大学生建立一种价值规范与实践共识，即引导大学生发自内心地遵守道德准则和法律规范，而不是因受外在规范的强制性而被迫遵守。[①] 通过有机融合教育，培育大学生自觉地提升道德素养和法治精神，而不是仅仅依赖利益驱使或规则制度的约束。

部分教师对于有机融合目标及重要性的认识不够。不少教师将道德教育与法治教育有机融合看成是简单的“1＋1＝2”的关系，错误地认为只要分别完成了道德教育内容和法治教育内容就完成了思想政治理论课的相关教学任务。实际上，大学生在现实生活中既会遇到单独的道德或法律问题，也会面临道德与法律冲突难题，不注重区分道德与法律、道德教育和法治教育的异同，不注重运用多种教学方法将道德教育与法治教育有机融合，发挥二者的合力，就难以保证思想政治理论课的教学实效性，更达不到培养德法兼修的高素质新时代大学生的思想政治教育目标。还有一些教师将道德教育等同于伦理教育、将法治教育等同于法律教育，完全抛开了相关教育的意识形态属性，教学观念存在偏差和错误，直接导致了道德教育目标与法治教育目标的分离和对立。

（二）对道德教育与法治教育有机融合科学内涵的理解存在分歧

教师对有机融合的内涵理解存在认识分歧，理解模糊造成实施与实践力度不足。“05 方案”明确要求充分认识和全面把握新形势下加强和改进高等学校思想政治理论课的重要性、指导思想和总体要求，大力推进学科建设，不断完善课程体系。“05 方案”的标志性成果之一就是把“思想道德修养”与“法律基础”这两门独立的课程整合成一门全新的“思想道德修养与法律基础”课，这在道德教育和法治教育融合的历史进程中具有里程碑意义。这是在全面提出和推行以德治国和依法治国相结合的大背景下产生的思政课改革方案。以德治国和依法治国从来都不是分开的独立个体，在社会主义建设和改革的过程中始终是相互依存的。当前，我国已经完成了全面建成小康社会的第一个百年奋斗目标，正在意气风发地开启第二个百年奋斗的新征程，更需要贯彻实施依法治国和以德治国相结合。在这一背景，教师更要重视道德教育与法治教育的有机融合，为国家培养德法兼修的人才。

尽管在开展道德教育与法治教育有机融合的认识上基本形成了共识，但关

---

① 刘苏仪：《新时代大学生道德教育与法治教育有效融合实现路径研究》，北京林业大学硕士论文，2019 年。

于如何理解和开展有机融合教学,学界存在认识分歧。目前在融合的方式上主要有以下三种代表性的观点。“融合论”认为应该按照一门课程的知识逻辑设计课程内容,在每一个专题中既要讲道德,也要讲法律,把“思想道德修养”和“法律基础”当成一种东西来看待,具有一致的逻辑和属性,可以完全融合;“组合论”认为“思想道德修养”与“法律基础”分属不同的学科领域,具有不同的知识逻辑构建特点和规律,两者很难融合成一门课程,最好是将两部分内容进行组合,保留各自的特点和优势;“折中论”认为既要按照一门课程进行知识体系构建,但两者又确实有不同的调节领域和知识构建特点,应有统有分,有整合有独立。[①] “融合论”“组合论”“折中论”都有一定的合理性,反映了学界在有机融合认识上的分歧。目前迫切需要教师在教学中树立道德教育与法治教育有效融合意识,开展广泛与常态化调研,用融合的思维主线穿起道德与法治可融合的相关知识点,从而形成知识面,进而创造道德教育与法治教育有效融合的理论教学体系。实际上,有机融合涉及教学内容融合和教学方法融合两个方面,目前对教学方法的融合研究尤其欠缺。

(三)有机融合的校园文化未凸显

国学大师钱穆先生曾经说过:“一切问题,由文化产生。一切问题,由文化解决。”文化传承创新从根本上决定了一所高校对于其所在的民族和国家的意义。[②] 从校园文化建设的角度分析有机融合不足的成因,有科学的依据。尽管当前高校校园文化活动表面上丰富多彩,但缺乏从总体上对道德教育与法治教育融合的文化活动设计和价值引领。一方面,道德文化的作用没有充分彰显。例如,大学生中依然存在考试作弊等诚信缺失现象,依然存在乱扔垃圾等公德失范行为,依然存在语言不文明的情况,部分学生缺少感恩意识,缺乏社会责任感,但这些现象并没有受到道德文化的广泛批判。另一方面,法治文化的作用没有充分彰显。很多高校都设有大学生心理咨询室,但没有法律援助中心提供法律咨询和法律援助。高校中的法学社团只是针对法学专业学生开展活动,缺少全校范围的法治宣传,或者法治宣传流于形式。这些情况的出现与高校没有系统化地开展道德教育与法治教育的有机融合的校园文化活动有直接关系。目前迫切需要高校营造健康稳定的道德文化与法治文化环境,积极开展有机融合的文化活动。例如,可以将不当得利、拾金不昧、无因管理等既是法律问题又是道德

① 余双好:《充分认识“思想道德修养”与“法律基础”的内在结构关系》,载《清华大学学报(哲学社会科学版)》2008 年 S1 期,第 120 页。

② 王莹:《论高校“立德树人”体系的法治文化介入》,载《教育评论》2016 年第 9 期,第 93-96 页。

问题的内容作为校园文化探讨的主题。对高校教职工而言，作为立德树人的实施主体，应带头提升道德修养与法律素养，建立与学生平等和谐的关系，以身示范推进高校德法文化建设，营造一种风清气正、健康向上、和谐稳定的校园文化环境。

三、制度保障因素

（一）教学规范要求不明确

首先，思政课程中对道德教育与法治教育有机融合教育的教学规范要求不明确。“基础”课、“思想道德与法治”课在确定的48学时安排中，缺少硬性的教学课时和教学内容量化安排规定细则，各学校在教学改革中，缺少明确的二者融合的具体要求。最新的修订版教材重回了“思想”“道德”与“法律”三大板块的内容编排体系，虽然明确了有机融合的课程目标，但没有具体的硬性制度性规范要求。在具体的实际教学中，虽然有“基础”课、“思想道德与法治”课的总学时规定，但很多高校没有主动研究确定集中开展“有机融合”的教学课时数量和内容容量，并作为制度性的量化规定强制执行。同时，“基础”课、“思想道德与法治”课总课时有限，内容繁多，教材本身理论性、逻辑性偏强，甚至会有点让人感觉枯燥乏味。教学中教师工作量大，不愿意或无力花费时间和精力精心设计有机融合的教学内容体系。由于没有量化、刚性的制度要求，大部分教师的功利性选择必然导致有机融合只能停留在理念层面，流于形式，甚至成为空谈。大学生的道德品质与法律素养，也是无法在短时间内通过教育而快速形成的，必须经过一定时间的投入和一定量的积累。国家与高校都没有明确的制度与规范要求，无疑会容易导致教师教学与学生学习呈现随意“放羊”和“缩水”状态。

其次，思政课实践教学活动中有机融合规范要求不确定。实践育人是新形势下高校思政课教学工作的重要载体。学生道德教育与法治教育有机融合不仅要重视道德与法治知识的一体化学习，学习之后的实际运用也应该受到高度重视。高校应努力搭建丰富的实践平台，推动思政课实践教学的常态化，形成长效工作机制。《高等教育法》大量存在“依法”“按照规定”等授权性条款的表述，将诸多教学管理权授予了高校。在现有思政课程体系下，各高校“基础”课开设时段各异，谁来负责组织实施实践教学，统一实施亦或分课实施，实践教学在总分中占比多少，实践教学如何细化考量，思政课教师实践教学工作量如何科学衡量等，这些都是构建有机融合实践教学需要考量的重要因素。目前，很多高校将“思想道德与法治”课的理论教学摆在了重要位置，而忽视了实践教学，导致实践育人落不到实处。而且在实际教学中,“基础”课被普遍定义为“不重要”的公共课,实践机会相对于专业课来说少之又少,实践教学组织与课时安排得不到制度上的保障,实践教学没有发挥应有的作用。实践教学的缺失,导致课堂教学与实践的脱节,影响大学生将所学的道德与法治知识转化为解决实际问题的能力,影响着思想政治教育的实效性。

最后,高校刚性管理与柔性管理衔接不够。高校的管理行为是对大学生法治教育和道德教育的重要途径。它是大学生可以看见的制度与行为后果的导向,其受众面直接面向的是最广大的学生群体。近年来高校在管理过程中不断出现问题。大多数高校的管理制度还不够完善,法治管理与道德管理融合的人文管理不足,部分管理制度存在漏洞,形成管理的灰色地带,这样不能有效地规范学生的言行举止。也存在部分制度虽然有规定,但是规定的内容比较笼统,或已经明显不能适应发展的需求。这会让学生产生对制度的认识不清,使学生做出错误的判断。管理制度的运行也存在一定问题,如缺乏灵活性、长效性、适度性等,刚性管理与柔性管理衔接力度不够。

(二)教师奖惩与反馈监督机制缺少

科学的考核评价和奖惩制度,是调动师生开展和参与课程教学积极性和主动性的重要手段。“人的表现和行为效果很大程度上均取决于他所受到激励的程度或水平。激励的水平越高,行为表现则越积极,行为效果也就越大,二者成正比关系。”[①]因此,要促使教师开展有机融合教学工作,必须制定并严格执行相应的规章制度。虽然目前各校都有“思想道德与法治”课教学评价,但通常是对课程教学的总体性评价,具体涉及道德教育与法治教育结合的细化评价,即关于有机融合是否开展、如何开展及开展效果的评价基本是完全缺失的。既无考察制度,也没有相应的奖惩制度,缺少及时的反馈机制,无疑助长了道德教育与法治教育的分离状态。教师所得到的回报并不一定是物质上的,高校颁发的荣誉称号是对教师教育教学的充分肯定,教师付出努力希望得到的回报更多的是桃李满天下的成就感和荣誉感。因此,适度的奖惩与及时的监督才能更好地促进有机融合教学目标的实现。

(三)对大学生德法学习的评价体系欠缺

现阶段高校对学生的综合评价方式仍不是十分科学完善,这直接影响着教育的时效性。“要全面、客观、准确地评价大学生的思想道德表现,这种评价应当

---

① 李小刚,杨兆中,王棠昱:《高校人力资源开发探析》,载《石油教育》2004 年第 6 期,第 23 页。

是综合性的，也就是说不仅要考察学生的课堂表现和考试成绩，还要考察学生的平时所为，而且后者更为重要。”[①]纵观当下高校针对大学生的综合测评，学生的文化课成绩在其每学年的综合测评中占据主导地位，好的考试成绩直接影响到学生的评奖评优。考试是现阶段很多高校唯一采用的，用来评价大学生道德教育与法治教育效果好坏的办法，仅仅通过考试分数，也就是对道德与法律知识的把握来判断教学效果。同时考试的重心都放在了对一些常识、概念和性质的考查上，在这样的评价方式之下，有些大学生平时的学习积极性并不高，学习目标仅仅是该课程的分数合格。一些学生应对课程评价的办法是寄希望于考前对一些基本知识点的突击背诵，考完之后这些所谓的知识点会被其迅速遗忘，教育成效不佳。用单一的考试形式来检验教育成果，使高校道德教育与法治教育流于形式。

道德教育与法治教育融合，不能仅限于课堂教学、考试成绩，还要延伸到学生的校外行为，从空间上拓展评价途径。同时在对大学生德法的评价中，更需要一个动态的评价过程，进行全面、客观的比较评价。高校的思政课评价系统要充分发挥学生的主体性作用，让评价过程真正起到教育与自我教育的作用。如大学生积极参加志愿者活动，积极参加法治宣讲活动，积极参加社会实践等都应该纳入法治教育与道德教育的评价体系。目前，大一大二思政课开设完毕，后续没有跟进的融合育人与系统评价。同时，学校对网络课程的建设与后期的持续跟踪调研反馈不明确，网络辅助教学的优势没有很好的体现。因此，高校德法评价方式多数情况下并不能真正地使大学生通过学习有所收获，养成良好的道德品质和法律素养也就更无从谈起。重结果、轻过程的德法评价体系，不能引导学生从心理层面上重视道德与法治的素养与能力的提升。

（四）高校协同育人机制不完善

立德树人是高校教育的目标与使命。高校在规划和实施大学生的道德教育与法治教育活动的过程中，其内部各部门在一定程度上没有协调一致，没有做到协同育人。协同教育是指将两个或两个以上的子系统相加所产生的作用大于各子系统单独应用时的总和，起到“1＋1＞2”的效果。将协同教育作为一种工具与理念融入大学生思想政治教育中，以增强大学生思想政治教育实效性。大学生道德教育与法治教育有机融合需要协同教育，需要进行多层次、多视角的研究，避免出现各要素各自为政、与一体化实效性背道而驰的局面。高校的道德教育

---

① 张泰来：《当前大学道德教育存在的问题及其对策》，载《思想教育研究》2010年第4期，第71-74页。

与法治教育需要各个部门根据自身的教育优势，从各自所擅长的角度出发，沟通合作，最终成教育合力。高校要综合各类思政课育人资源，实现育人主体、时间、空间三个维度的有效协同，形成人人、时时、处处育人。[①] 目前高校的全员、全方位、全程育人机制有待进一步完善。此外，社会与家庭也没有同高校形成教育合力。社会上的一些不良风气和错误信息影响着学生的身心健康与价值取向，加之家庭的教育作用没有得到及时充分发挥，大学的家校联系密切度不够高，种种消极因素很大程度上抵消了学校育人的效果，成为了大学生行为失德和违法的催化剂。道德教育与法治教育有机融合教学模式的构建，教材、教师、课程、实践、学校制度等各因素的协同推进，仍任重道远。

① 何旭娟：《高校“三全育人”的四个着力点》，载《中国教育报》2020 年 3 月 30 日第 5 版。

第四章　道德教育与法治教育有机融合的推进路径

在“基础”课、“思想道德与法治”课实际教学中，道德教育与法治教育之间的脱节现象比较严重，两者之间脱节的成因也比较复杂。因此，促进两者的有机融合既需要具体问题具体分析，也需要针对问题产生的深层根源、直接缘由和制度性因素进行分析，进而树立科学的教学目标和原则，构建系统的教学内容体系，采用恰当的教育模式和方法，建立有效的教育保障制度，综合采取各种对策措施，切实保障二者的有机融合。

第一节　提升教育主体的综合素质能力

全面提升高校思政课教师的综合素质能力，加强师资队伍建设，是推动高校思政课教育教学改革创新的关键所在。2019 年 3 月，习近平总书记在学校思想政治理论课教师座谈会上强调：“办好思想政治理论课关键在教师，关键在发挥教师的积极性、主动性、创造性。”[①]中共中央办公厅、国务院办公厅印发的《关于深化新时代学校思想政治理论课改革创新的若干意见》明确指出，要建设一支政治强、情怀深、思维新、视野广、自律严、人格正的思政课教师队伍。由此看出，高校思政课教师的综合素质能力包括政治素质和政治能力、职业道德素质和自律能力、业务素质和教学能力等。此外，开展道德教育与法治教育有机融合教学对教师的知识背景和综合能力要求更高，因此，要想提高道德教育与法治教育有机融合的教学实效，就必须首先从以上几个方面发力，重点提升“思想道德与法治”课教师的综合素质能力。

① 习近平：《论党的宣传思想工作》，人民出版社 2020 年版，第 378 页。

一、提升政治素质和政治能力

依据马克思主义的基本观点,道德和法律都具有阶级性和意识形态性。“思想道德与法治”课作为对大学生进行道德教育与法治教育的思政课,是向大学生传递主流意识形态的重要载体,无疑具有鲜明的政治性。“思想道德与法治”课的课程特点决定了任课教师必须具备过硬的政治素质和能力,这也是培养社会主义合格建设者和可靠接班人的关键所在。因此,“基础”课教师必须提高政治站位,立场坚定、旗帜鲜明地讲政治。习近平总书记在学校思想政治理论课教师座谈会上强调“让有信仰的人讲信仰”,这是教师讲好“基础”课,开展道德教育和法治教育有机融合教学的前提。从这个角度上说,政治素质是“基础”课教师的首要素质,它体现着“基础”课教师的政治立场、政治站位、政治态度,直接关系着能否培养出社会主义合格建设者和可靠接班人,具有重大的政治意义。

“基础”课教师首先要有坚定的马克思主义信仰。“基础”课是传播马克思主义法治观和道德观的课程,作为传播马克思主义理论的教师,无疑应该熟读马克思主义经典著作,熟知马克思主义基本原理,自觉运用马克思主义的立场、观点和方法引导大学生树立科学的世界观、人生观和价值观,引导大学生用马克思主义的科学世界观和方法论认识问题、分析问题、解决问题,从而提升大学生的政治水平和政治素质。“基础”课教师还应该坚定社会主义信念,科学认识我国社会主义建设中遇到的问题和走过的弯路,增强政治鉴别力和政治定力,自觉同各种错误思想和势力作斗争,抵制各种腐朽和错误的思想,在大是大非面前保持清醒的头脑。“基础”课教师还要树立共产主义的远大理想,并用共产主义去教育学生,引导学生为实现共产主义而奋斗,自觉投入到中华民族伟大复兴的历史进程中,履行使命担当。

二、提升职业道德素质和自律能力

今天我们把立德树人确定为教育的根本任务,把教书育人视为教师的天职,把良好的师德作为教师首要的、最基本要求,实际上是继承了优良的师德要求传统。思政课教师承担着立德树人的教育重任,承担着教育学生“扣好人生第一粒扣子”的重担。“基础”课教师不但是道德教育和法治教育的承担者,还是学生品行正、人格健康的引导者。所以,在实践教学中,“基础”课教师更应该以德为先、铸魂育人,用良好的职业道德素质引导学生思想道德的健康发展,从而解决好“用什么样的人格榜样培养人”的问题。“基础”课教师应该率先加强职业道德修养，养成优良的作风习惯，不断提高自身的人格魅力和涵养。这些素质在日常的教学和活动中，会对学生产生潜移默化的教育作用，让学生在不知不觉中效仿教师的一言一行，从而达到春风化雨的效果。

在我国古代，君子人格一直备受推崇。儒家经典《论语》多次对君子进行论述，可见孔子本人也是非常推崇君子人格的。儒家对于君子的要求之一就是达到“慎独”的境界，要求君子有严格的自律能力，做到“明明德”，才能教化别人，达到“亲民”和“止于至善”的至高境界。高校“基础”课教师承担着立德树人的重任，要想做到“以德育德”，必须要加强自律，自觉用君子人格要求自己，以优秀共产党员的标准要求自己，养成高尚人格，做到表里如一，言行一致。当前阶段，教师尤其要自觉践行社会主义核心价值观，传递社会主义正能量，用自己的言行教化学生、感染学生，做学生满意的好老师，成为新时代党和人民满意的“四有”好老师，成为学生成长成才的“四个引路人”。

三、提升业务素质和教学能力

提升业务素质和教学能力是教师顺利开展教学活动，有效提升教学效果的前提。为此，“基础”课教师要学好理论，夯实马克思主义理论功底，提升“基础”课的理论深度，拓宽“基础”课的知识广度，从而解决“培养什么样的人”以及“怎么培养人”的技能问题。“基础”课教师要深入学习马克思主义理论，系统学习马克思主义中国化的最新成果，并用以指导“基础”课中的道德教育和法治教育，使两者在同一理论指导下有机融合。坚持用马克思主义真理感召学生，用深刻的理论分析触及学生的灵魂深处，引起学生心灵共鸣，提升“基础”课的高度和说服力。

“基础”课教师要认真研究教材，有效完成从教材体系向教学体系的转化。为此，教师首先要做到熟知“基础”课教学大纲和教学目标，明确课程定位，把握“基础”课和其他思政课的逻辑关系，吃透教材内容，确定教学重点和难点。在教学内容设计上，既要避免照本宣科，又要避免旁逸斜出，远离课本。做到既要源于课本，又要高于课本，既要跳出教材，又要落脚于教材，保持适当的教学弹性。此外，还要对比新旧版“基础”课教材的变化，准确把握新版教材精神内核，针对新变化做出新设计，做到与时俱进。

“基础”课教师要认真研究学生，摸清楚大学生的新特点，提升“基础”课的时代性和针对性。目前来看，最年轻的“基础”课教师也是 20 世纪 90 代初生人，而新时代的大学生基本都是“00 后”，年龄相差 10 岁左右，有着较深的代沟。“基础”课教师要想做到和学生无缝对接和无障碍沟通，就需要认真研究“00 后”大学生的生活方式、语言形式、思维模式，否则教师在一个频道讲，学生在另一个频道上听，无法做到同频共振，也无法达到理想的教学效果。"基础"课教师要坚持以学生为中心的教学理念，不但要善于把握学生群体共性的思想认识，还要关注个别学生的特殊性认识，加强教学的针对性，做到因材施教。

"基础"课教师要创新教学模式和方法，用学生喜闻乐见的方式讲授道德和法治专题。目前，有些学生把"基础"课定性为"水课"，其原因之一就在于部分教师采用机械灌输的方式，教学模式陈旧，教学方法老套，同学们不喜欢、不接受，使得"基础"课的教学和同学们的接受渐行渐远，使原本的"金课"变成"水课"。为了把"水课"变成"金课"，"基础"课教师要积极推动教学改革，不断创新教学模式和方法，学会运用新媒体教学手段，把线上教学和线下教学有机结合起来，让"基础"课活起来、火起来。此外，"基础"课教师还应该积极参加各种教学比赛和培训，更新教学理念，掌握先进教学技能，提升教学水平。

综上所述，"'基础'课教师应具有深厚理论的修养和较高学术造诣，应是善于解疑释惑、引导大学生健康成长的人生导师，不应是小品演员、游戏导演，也不应是故事大王。"①教师必须对此有清醒的认识，在正确理解新版教材章节体例的变化逻辑及意图的基础上，通过自学、进修及参加课程培训等多种形式，不断丰富自身的学科背景、完善自身的知识结构，进而增强开展有机融合教学活动的素质能力。

第二节　树立科学的教学目标和原则

一、明确教学目标

道德素质与法治素养是大学生作为现代公民必备的基本素养，道德教育与法治教育是"基础"课的重要教学内容，开展道德教育与法治教育有机融合教学活动，既有理论基础和政策依据，也有极强的现实意义。推进道德教育与法治教育有机融合，涉及诸多环节要素。其中，明确教学目标意义重大。这是因为，教学目标是教育者在一定的教育思想或理论指导下，对教学效果的预期设定，整个

① 吴潜涛：《〈思想道德修养与法律基础〉教材修订说明及教学建议》，载《思想理论教育导刊》2013第9期，第23页。

教学活动以教学目标为导向，始终围绕实现教学目标而进行。通常认为，广义的教学目标包括育人成才目标、课程目标和课堂教学目标三个层次，而狭义的教学目标就是指课堂教学目标。此处所讲的教学目标是广义的概念，具体分述如下。

（一）育人成才目标

育人成才目标是教学目标的终极和最高目标，也可以说是教学目标的总目标。培养兼备较高道德素质与法治素养、堪当时代大任的社会主义建设者和接班人，是开展道德教育与法治教育有机融合教学的育人成才目标。

马克思把“人之自由而全面发展”作为人的最佳生活状态，是对人性本质的科学表述。马克思认为人的发展离不开社会，人的发展和社会的发展相互作用、相互促进。“人以一种全面的方式，就是说，作为一个完整的人，占有自己的全面的本质”①。促进人的全面发展是思想政治教育的根本目标，“基础”课是高校思想政治理论课中直接对学生进行道德教育与法治教育的课程，是高校开展思想政治教育的主渠道之一。在“基础”课中开展道德教育与法治教育的有机融合教学，既是促进大学生道德素质与法治素养协同发展的必要手段，也是促进大学生个体社会化的重要途径，对大学生的全面发展起着十分重要的作用。提高大学生道德素质与法治素养是党和国家对当代大学生的新要求，是推行依法治国与以德治国相结合的要求。

马克思关于“人之自由而全面发展”的理论是高校进行思想政治教育的指导思想和理论依据，坚持以人为本的指导思想，促进大学生道德素质和法治素养的全面提高，也是时代发展对高校思想政治教育育人标准的新要求。当今时代是文明社会，要求人们具有现代法治意识和素质，凡事法律至上。同时，道德文明又是文明社会的重要标志，要求人们具有道德素养，自觉遵守道德规范。在“基础”课教学中，要坚持把道德教育和法治教育相结合作为促进大学生全面发展的出发点和落脚点，坚持把促进大学生个人成长成才与社会发展要求的目标统一。高校中道德教育与法治教育的有机融合，可以引导大学生在实际社会生活中，将道德准则和法治规范内化为个体的行为准则，更好地适应社会，更好地发展自己。

（二）课程目标

一般而言，课程目标即课程的教育意图，其含义主要定位于教育与社会的关系。此处主要从教育功能互补的视角予以论述。笔者认为，由于道德与法律两

---

① 《马克思恩格斯文集》(第1卷)，人民出版社2009年版，第189页。

者在调节领域、调节方式、调节目标等方面存在很大不同，且道德教育与法治教育的功能各有侧重，因此应该以教育功能互补理论为指导思想，把开展道德教育与法治教育的有机融合，充分发挥两种教育的合力功能作为课程目标。

教育功能是指教育活动在与人和环境相互影响中所发挥的作用，是满足社会发展需要和满足个人发展需要的功能，具体包括个体发展功能和社会发展功能。教育功能主要是通过培养人来对社会起作用的，因此教育的个体发展功能和社会发展功能往往是统一的。教育功能往往指教育活动已经产生或者将会产生的结果，尤其是指教育活动所引起的变化、产生的作用。道德教育和法治教育都具有各自的功能，但是两者的教育功能具有互补的性质。道德教育主要培养大学生的道德意识、道德践行能力和道德境界。法治教育主要培养大学生的法律意识、法治观念、法治信仰和法治思维。当道德教育和法治教育长期共同作用于大学生这样一个群体时，二者的教育功能就会产生互补的作用。特别是长期受法治教育熏陶的大学生，形成了遵纪守法的行为习惯，具有了一定的法治意识和法治素养，进而会对法律产生一种道德认同感，久而久之，这种认同感就会使遵纪守法成为大学生的道德习惯，即法律的他律属性转变为道德的自律属性。由此可见，道德教育和法治教育的教育功能，存在着很强的互补性，两者相互补充、互相促进。

柏拉图曾经说过："如果所有的人都讲道德和有德性，就不必有法和国家，因为一个完全有德性的人受德性而不是外在的法制所制约。不过完善的人是极少的，需要有法来实现我们真的善。"[①]关于这一点，我国古代的荀子和后来的法家代表人物韩非子也认为"人性恶"，认为需要"隆礼""重法"，重视用制度和严刑峻法来约束人、管理国家。当然，强调"人性恶"并不是说每个人天生都是坏人，而是为了寻找一种约束人性中"恶"的一面的途径，也就是法律，从而引导人们走向"善"。因此，在引导大学生走向善的过程中，仅仅依靠道德教育是不够的，还应该引入法治教育，要科学认识道德教育和法治教育的互补性，把道德的自律和法律的他律功能有效结合起来，只有两者相互补充，才能达到预期的成效。道德教育可以使大学生懂得真善美，法治教育可以让他们懂得法律规则，养成法治素养，道德教育和法治教育的完美结合，就可以在最大程度上引导大学生走向善的境界，实现功能互补目标。

（三）课堂教学目标

课堂教学目标是育人目标、课程目标的具体化，通常包括三个维度：知识与

① 梯利：《西方哲学史》，商务印书馆 1999 年版，第 74 页。

技能目标，过程与方法目标，情感、态度与价值观目标。对于开展大学生道德教育与法治教育有机融合课堂教学而言，应该以遵循教学过程规律为指导思想，依据课程目标要求及教材体系，通过精心设计教学内容体系，采用恰当的教学方法，把高效利用教学时间、提升教学效率作为课堂教学目标。

教学过程需要遵循的基本规律主要包括间接经验与直接经验相结合的规律，传授知识与思想教育相统一的规律，教师主导作用与学生主体作用相统一的规律等。这就要求我们在开展道德教育与法治教育有机融合的教学过程中，做到几下几点：一是充分借鉴前人的教学经验，并和自己的教学经验相融合，探索适合本校学生实际的教学模式和方法。二是在传授道德和法律基本知识的基础上，把握课程的意识形态属性，注重培养学生正确的道德观和法治观，提升学生分析和解决实际问题的能力，保证学生在知识技能提升和思想价值观塑造方面齐头并进。三是在发挥教师积极性的同时，充分调动学生的主观能动性，把“让我学”变成“我要学”。这其中，要特别注重通过预先设置道德与法律两难选择等议题、案例，运用比较分析、案例教学、研讨辩论等教学方法，加深学生对道德与法律关系的理解，提升学生行为选择的能力，在有限时间内取得学习效果的最大化。

当然，课堂教学目标本身涵盖面广，既有知识与技能目标，又有过程与方法目标，还有情感、态度与价值观目标，不可能要求每堂课都实现这三个层面的目标。因此，在实际教学中要有系统的设计，只要围绕道德与法治的有机融合这一主题，通过设定每堂课更加具体细致的目标，连点成线，就一定能达到高效运用课堂学时，提升教学效果的目标。

二、秉持有机融合教育的基本原则

开展道德教育与法治教育有机融合教学活动，除遵循一般意义上的理论性与实践性相结合、教育内容与教学形式相统一、注重信仰教育和知识教育相结合等原则外，在实际教学活动中应该特别注意坚持比较融合教育原则、问题式融合教育原则和实践式融合教育原则。

（一）比较融合教育原则

由于道德和法律是当代社会调节人与人之间关系最为广泛的应用手段，而这两者在起源与发展、调节对象与范围、功能与作用方式等方面，既有区别又有联系，因此，在讲解这些基础理论内容时可以对其进行比较分析，帮助学生更加清晰准确地理解道德与法律的内涵，把握其异同，提升两种教育的融合效应。

从道德和法律的起源与发展方面来说，教师要在教学实施过程中解释清楚两者的复杂关系。依据马克思主义的观点，虽然道德和法律都起源于人类社会的劳动实践，反映特定阶级或集团的利益，以调节社会关系为目标，但是，道德几乎与人类社会同期产生，随人类社会的发展而发展，伴随人类的始终。法律是人类进入阶级社会的产物，是国家的伴生物，随着私有制、阶级、国家的产生而产生，也将随着私有制、阶级、国家的消亡而消亡。在现代社会，道德与法律有各自的形成逻辑、调节领域和功能作用，我们不能期望将道德与法律完全合二为一，也不能将其完全割离。无视二者相对独立性的做法不利于面对人的多面性和实际问题的解决，也会破坏法律事实性与规范性、道德综合性与约束性的内在统一。虽然道德与法律都是人们行动的指南，但是二者在与国家权威性和强制力的关系上有着明显的区别：道德是非强制性规范，道德作为一种社会规范，是依靠社会舆论、公序良俗和文化信念的力量，以倡导、规劝的方式调节人的社会行为；与道德的作用方式不同，法律则是国家制定的强制性规范，主要依靠国家强制力来发挥相应的作用，所以它必须以某种具体且实际的事物为根本依据，“道德涉及人的思想和情感，而法律只涉及人的行为”[①]。

（二）问题式融合教育原则

问题式融合教育适合在案例教学中使用，通过探寻道德与法治两者的若干结合点，以解决实际问题为导向精选案例开展案例式教学，面对同一个问题，注意展现道德思维与法治思维的理解与处理方式异同，帮助大学生在面对道德思维与法治思维冲突时做出正确的判断。

运用案例教学引导学生深入探讨道德和法律的关系，是道德教育与法治教育进行问题式整合的有效方式。选取的案例应具有思想性和客观性相统一、原理性和实践性相统一、时代性和典型性相统一等特点，内容上应与教材相契合，这样才有利于教学内容的有效实施。在运用法律知识点分析案例的基础上，展开说明案例的法律精神、法律价值、法律制度和案例的道德启示，才能取得更好的教学效果。例如，为了更好诠释赡养老人既是道德义务也是法律义务，教师可以通过分析相关案例，引导同学们在案例分析和问题思考中明确：赡养老人是一个道德要求，是中华传统美德在生活中的体现，是子女应尽的道德义务；同时赡养老人也是法律义务。2018 年 12 月 29 日修正的《中华人民共和国老年人权益保障法》第十九条明确规定：“赡养人不得以放弃继承权或者其他理由，拒绝履行赡养义务。”此处法律规定的义务是强制性的，包含物质和精神两个方面的要求。

---

① 罗斯科·庞德：《法律与道德》，陈林林译，商务印书馆 2015 年版，第 52 页。

为了使道德情感得到认可和尊重，从法律上辅助解决亲情伦理、关爱慰藉等精神层面的需求，《中华人民共和国老年人权益保障法》第十四条还规定："赡养人应当履行对老年人经济上供养、生活上照料和精神上慰藉的义务，照顾老年人的特殊需要。"

（三）实践式融合教育原则

人的综合素质大多是在实践过程中形成的，因此，尽可能开展实践式融合教育是促进大学生道德素质与法治素养协同并进的最好方法。可以采用让大学生旁听法庭审判、参加普法教育志愿者活动、参与法律援助社会实践活动等形式，锻炼学生分析和解决实际问题的能力，尤其是在道德思维与法治思维存在冲突时如何正确行事的能力。"实践教学是法制教育的很好教学模式，尤其是对非法学专业大学生而言，是最直观而又有成效的思想政治教育手段，可以说是把法制教育和道德教育相结合的最佳教学形式。"①

在进行课堂教学内容设计和实施过程中要注意增加一定的社会实践内容，将课堂内容与学生日常需要解决的问题密切联系起来，使课堂教学更具有实践性，以此促进道德教育与法治教育有机融合。积极开辟第二课堂，将道德教育与法治教育拓展到大学生的志愿者服务、社区服务、就业创业等多种实践活动中，鼓励学生参加各类公益社会实践活动，开展宪法纪念日、法律进社区活动，让大学生旁听有关刑事、民事、经济、行政案件的审判，增强其感性认识，从而学以致用，提高法治素质。

第三节　构建系统的教学内容体系

以教材内容体系为蓝本，构建系统的教学内容体系是有效完成教学目标的重要环节。教材内容体系是教学内容体系的基础和依据，系统的教学内容体系源于对教材内容体系的精确把握和加工再造。教学是动态的，是教师能动地运用教材内容的过程。教师在构建教学内容体系时，一定要结合自己的风格和学生的接受情况进行合理构建，在与学生的交流和碰撞中，对教材内容进行加工和处理，赋予其鲜活的生命力，把教材的静态文本变成动态的讲稿，形成独具特色

① 李全文：《大学生法制教育的问题与对策——谈〈思想道德修养与法律基础〉课程优化》，载《中国科教创新导刊》2008 年第 10 期，第 97-98 页。

的教学内容体系。教师要认真分析教材内容体系的修改变化情况，明确教学目的，端正教学态度，紧跟时代脉搏，创新教学内容，深刻领会教材内容体系设计由“知识拼盘式”向“素质能力式”转化的精神实质，通过找准若干结合点，精心设计教学方案，做好教材内容体系向教学内容体系的转化工作。具体而言，构建系统的教学内容体系，应该从以下几个方面展开。

一、厘清教材内容体系与教学内容体系的关系

教材内容体系和教学内容体系是对立统一的关系，教材内容体系与教学内容体系既有联系又有区别：“教材体系是由教材编写者设计、构建的，通过教学大纲、教材等来体现的理论体系，它具有系统性、完整性、规范性和理论性特点；教学体系是由教师设计、构建的以教学大纲为指导、以教材为蓝本而形成的课程教案体系，它具有针对性、灵活性、适应性和现实性的特点。”[①]也就是说，教材内容体系依托一定的教育教学理论，主要遵循学科逻辑和知识体系逻辑，注重教材内容呈现的系统性、理论性和学术性，兼顾可读性与应用性。教学内容体系是教师依据教材内容体系、教学目标和教学大纲，结合自身的学科背景、知识储备和学生实际，进行二次创作编写的适用于课堂和实践教学的内容体系，具有较强的应用性、实践性、创造性和灵活性。只有实现教材内容体系向教学内容体系的转换，教材体系理论价值的潜在应用性才能变为实践性。

“基础”课、“思想道德与法治”课是高校思想政治理论课中重点对大学生进行“价值观”“人生观”教育的主要课程。按“05 方案”“21 方案”的课程目标设计，大学生的思想教育、道德教育和法治教育可经由“成人育才”的逻辑在“基础”课、“思想道德与法治”课的平台上融为一体。但由于“道德修养”与“法律基础”两部分内容在教材编排上出现了“分离—融合—分离”的反复，二者内在知识逻辑上的呼应不够，客观上不利于教师创造有机融合的教学体系。只有把教材作为基本的遵循，实现教材体系向教学体系的转换，才能讲出“基础”课的风格，用“基础”课的魅力撞击学生的心灵世界。

“基础”课教材几经修订，不断完善，逐步成熟，具有完整的理论体系、与时俱进的时代特性、聚焦学术前沿、系统深刻的理论阐释等鲜明特点。所以，在推进教材体系向教学体系转变的实践过程中，我们必须坚持凸显理论性这一基本原则，突出其学科性特点。这便要求教师在“吃透吃准新教材基本精神上下功夫，

① 吴潜涛：《〈思想道德修养与法律基础〉教材修订说明及教学建议》，载《思想理论教育导刊》2013年第9期，第18-24页。

尽快熟悉和掌握新课程的教学目的、教学基本要求，深刻理解编写指导思想和总体思路，认真消化教材内容，把握重点难点，将教材体系作为备课、写教案，进而形成教学内容体系的基本依据”[①]。“强调的是按照教材来讲，不能脱离教材。这与在教学中充分发挥教师的主动性和创造性，体现灵活性、针对性，是辩证的统一。”[②]因此，教师在创造教学内容体系时决不能抛开基本的教材内容而“另起炉灶”，不能完全依据自己的思路和自己的专业背景、学术兴趣，搞一个所谓全新的教学内容体系，使教材内容体系和教学内容体系脱节，从而失去了课程的理论性、科学性和系统性。

二、把握教学内容体系的应然状态

教材内容体系是形成教学内容体系的依据，前者是后者的基础，后者是对前者的再创造，从理论角度而言，教学内容体系应该呈现以下应然状态。

（一）教学内容体系与教材内容体系、教学大纲保持同向性

教学内容体系要与教材内容体系、教学大纲保持同向性。教材内容体系、教学大纲是编写教学内容体系的蓝本和纲领性文件，是构建教学内容体系的基本依据。教育者不能脱离教材另起炉灶，必须依托教材内容体系与教学大纲进行再创造。2006 年 7 月，在中宣部、教育部举办的全国高校思想政治理论课《思想道德修养与法律基础》教材征求意见座谈会上，教育部社科司原司长杨光着重指出：“在教材的使用上，首先强调的是按照教材来讲，不能脱离教材。”[③]《中共中央宣传部教育部关于进一步加强和改进高等学校思想政治理论课的意见》中指出，“基础”课主要是对学生进行道德教育和法治教育，提高道德素质，增强学生法治观念。这是国家为“基础”课确定的教学目标，是构建教学内容体系的指导文件，教育者必须以此为指导，结合教材内容和自身知识储备，构建与之同向的教学内容体系。但是，教材内容与教学内容既有关联又有区别，教学内容体系的构建是在教材体系、教学大纲基础上的整合与重构，是以有利于教学的组织实施为导向的。

---

① 陈大文：《促进大学生道德教育与法制教育有机结合的重要载体——关于〈思想道德修养与法律基础〉教材解读》，载《思想·理论·教育》2006 年第 11 期，第 20-24 页。

② 本刊记者：《〈思想道德修养与法律基础〉教材征求意见座谈会述要》，载《思想理论教育导刊》2006 年第 7 期，第 9-12 页。

③ 本刊记者：《〈思想道德修养与法律基础〉教材征求意见座谈会述要》，载《思想理论教育导刊》2006 年第 7 期，第 9-12 页。

（二）教学内容体系对教材内容体系具有补充性

教材具有逻辑性强、简明扼要和体系完整等特点，因而，教材不可能把十分详细的内容都罗列进去。现行思想政治理论课不仅对课程数量有所整合，而且对每本教材的篇幅也有一定的要求。这就需要教师在创造教学内容体系时，要根据教学和学生需求重新组织教学内容，补充大量的基础知识、鲜活案例、预设议题等，以弥补教材不够丰满、内容形式不够多样的不足，提升学生学习的积极性。“基础”课的讲授需要以马克思主义基本原理和理论为指导，帮助学生从理论高度理解道德和法治的相关知识，从理论深度和知识广度两个层面提高学生的道德素质和法治素养，进而形成马克思主义世界观、人生观和价值观。上述理论往往是深奥抽象的，需要在构建教学内容体系时加入大量法治案例、道德榜样案例等生动形象的素材，才能让学生学会用马克思主义的基本观点分析当前问题，合理规划人生，把马克思主义的价值标准和社会要求的行为规范内化为自己强烈的精神诉求。

（三）教学内容体系要比教材内容体系更具针对性

“基础”课教材是全国高等院校统一使用的统编教材，但是我国的高等院校却千差万别。按照高等院校特色分类标准，我国高校分为综合院校、工科院校、农林院校、医药院校、师范院校、语言院校、财经院校、政法院校、体育院校、艺术院校、民族院校、军事院校等 12 个类型。如果各类院校完全按照统一的教材内容体系上课，其教学效果难免大打折扣。因此，各类院校的“基础”课教师应该根据所处院校类别有针对性地构建教学内容体系，适当加入相关院校特色的道德教育和法治教育内容，这不仅可以增强教学内容对学生的吸引力，同时也对学生毕业之后从事该类工作具有针对的指导作用。相对于院校特色分类，专业分类更加细化。如果“基础”课教师能针对不同专业，适当调整教学内容体系，则会使道德知识和法治知识具有更强的适用性。如在对财会类专业学生的教学中，有针对性地加入财会从业人员的职业道德内容，引入相关案例教学，凸显专业特色，为专业培养目标发挥德育功能。

三、吃透教材变化意图

吃透教材变化意图，增强行动的自信心。从现行教材编排来看，第五章和第六章分别安排了道德和法治层面的内容，目标是综合运用马克思主义基本立场、观点和方法，培养大学生正确的道德观和法治观。第五章的内容编排遵循了由对道德的概念内涵、功能作用、发展变化、优化路径等基本理论的解析阐释，到对社会主义道德准则框定，最后落脚到大学生道德素质养成与道德践行的逻辑理路，呈现了由偏重道德知识教育向偏重道德实践践行转化的趋势。第六章内容总体上沿着尊法、学法、守法、用法的逻辑顺序展开，具体从阐释法律的内涵、历史发展、本质特征等基本理论开始，到解析社会主义法律体系与法治体系，再到论证中国特色社会主义法治道路，最后落脚到培养大学生的法治思维、依法履行法律权利义务，呈现了由偏重法律知识教育向偏重法治实践践行转化的趋势。由此可见，现行教材将道德教育内容和法治教育内容分别整合成一章，主要是出于使两者内容各自更具有系统性、深刻性、逻辑性和连贯性的需要，是进一步实现"基础"课从偏重伦理学和法学专业教育向思想政治教育本位和政治课课程性质转变的需要，而不是出于分离道德教育与法治教育的目的。

实际上，现行教材"全书从开篇展现的宏大时代场景、崇高使命担当聚焦到这部教材的主题即大学生思想道德素质与法治素养之上，论述了思想道德素质与法治素养的重要性、相互关系及其形成发展中的有关问题"①。具体而言，现行教材强化了基础理论解析，增加了诸如"道德知行合一""守住法律底线""履行法律权利义务"等实践养成具体路径内容，为开展道德教育与法治教育有机融合教学提供了广阔空间。第五章道德教育内容和第六章法治教育内容文字量较大，几乎占全书一半的篇幅，每章的节数也明显多于前四章的安排。因此，开展"有机融合"教学更需要做好教材体系向教学体系的创造性转化工作，重新设计教学内容体系，对有关重要内容展开论述。在实际教学过程中，教师要明确教学目的，不能搞为"融合"而"融合"的形式主义，而是要注重理论联系实际，对当代大学生关心的和遇到的实际问题给予实际而又深刻的解答，帮助他们树立正确的社会主义荣辱观，践行社会主义核心价值观，培养良好的道德素质和法治素养。相较于中小学的"道德与法治"课，"基础"课更侧重于理论的学习和思考，注重以科学的理论帮助学生提高道德素质和法治素养，引导大学生进行知行合一的自我修养。②

四、正确理解道德教育与法治教育有机融合的科学内涵

正确理解道德教育与法治教育有机融合的科学内涵，是构建科学有效教学

① 本教材修订组，沈壮海：《思想道德修养与法律基础（2018 年版）》修订说明，载《思想理论教育导刊》2018 年第 5 期，第 24-25 页。

② 王易：《思想道德修养与法律基础》课的新特点，载《思想理论教育导刊》2006 年第 10 期，第 40-42 页。

内容体系的前提。我们认为道德教育与法治教育的有机融合是指，基于道德教育和法治教育共同的价值目标，以“基础”课教学为载体，以促进大学生全面发展为教学总体目标，重视道德教育和法治教育的互补性，在实际教学活动中做到道德教育中蕴含法治思想，法治教育中体现德育思维，通过道德教育和法治教育相结合的教学组织形式，实现同步提升大学生道德素质和法治素养的系统教育教学过程。

如果我们研究道德教育和法治教育融合的历史轨迹，就会发现二者的融合过程其实就是我国社会主义道德建设和法治建设相融合的进程，两个进程是融为一体的。党的十八大以后，我国的社会主义建设进入新时代，改革开放进入深水区，需要解决的问题更加复杂，面临的挑战更严峻，这就需要培养更多的复合型人才。大学生是祖国未来的建设主力军，在大学期间就应该给予他们更有针对性的教育，把道德教育与法治教育有机融合起来，培养他们的综合素养，促进他们全面发展。从这个层面上来说，高校道德教育与法治教育的有机融合是高校为培养新时代人才而对道德教育和法治教育的发展和完善。

从道德教育与法治教育融合的本质上来看，两者的有机融合，是共同作用于大学生综合素养的提高，促进大学生的全面发展的过程。在此，我们必须指出的是，道德教育与法治教育有机融合的过程是两者的内涵、性质在此过程中趋于统一，逐渐形成一个有机整体而发挥育人作用的过程。道德教育可以为法治教育创造良好的人文环境，在道德教育中突出法治思维，可以培养大学生的法治观念和法治意识。在法治教育中渗透道德教育的思想，能够体现社会主义道德导向，弘扬社会主义美德，凸显时代对新时代大学生的道德要求。道德教育与法治教育的有机融合，可以突显法治教育对道德教育的促进作用，也可以通过法治教育巩固道德教育的效果，道德教育和法治教育相互协调，相互促进。

教师在道德教育与法治教育有机融合的教学实施过程中应立足于道德和法律两个方面，要注重寻找道德教育与法治教育的有机融合点，将二者进行有机整合。尤其是针对大学生面对的各种现实问题，教师要基于情、理、法进行透彻的分析，既要避免只讲道德不讲法律，也要避免只讲法律不讲道德。以此作为出发点，使道德教育与法治教育融合得更加紧密，促进相关教学工作的开展。但是，针对那些属于道德领域（或法治领域）的课程内容，无法找到法治领域（或道德领域）融合点的内容，教师不应机械地在其中融合法治教育（或道德教育）。机械地融合二者，除了在学理上说不通，还会导致在实际的教学内容和教学设计中出现逻辑不通、思路跳跃等问题。因而，道德教育与法治教育有机融合，并不意味着在每一节课堂教学中都需要有道德和法律知识，它们的有机融合是体现在整个教学内容体系和教学实施过程中的。

五、增强教学内容的时代性

坚持以学生为本，紧扣时代脉搏，增强教学内容的时代性，才能保证教学内容体系的开放性，提升对学生的吸引力。时代的发展总是快于教材更新的速度，目前，学习“基础”课的学生已经到了“00 后”，这一群体是伴随着互联网的高速发展而成长起来的，他们的思维状况、接受水平以及对道德和法治的认知态度都是需要我们认真了解和掌握的。“基础”课教师如果按照自身的理解而罔顾学生的发展状况构建教学内容体系，其教学效果可想而知。“基础”课教学的目的是让学生形成正确的世界观、人生观、价值观、道德观、法治观，因此，读懂学生所需，贴近学生实际是构建科学教学内容体系的关键环节。教师可以通过调查问卷、走访座谈，深入了解学生的所想所需，搞清楚学生的道德水平和法治意识现状，有针对性地进行备课并进行教学内容体系的构建。在教学过程中运用同学们常用的时代语言和喜闻乐见的表达方式，有特色地进行教学活动。在进行教学内容体系的构建时，也应考虑学生面临的实际问题。大一新生刚从繁忙的高中生活进入多彩的大学生活，面临着许多问题和困惑，尤其在道德层面和法律层面，不知所谓的底线和红线。比如不同民族不同习俗同学相处时的道德、恋爱时期的道德、大学兼职的道德和法律等，这些都是教师在构建教学内容体系时需要考虑的方面。教师带着问题有针对性地上课，就能引起同学们的学习兴趣，如果能配合小组讨论和典型发言，则能起到更好的效果。在构建教学内容体系时还要有理论层面的指导，从而在理论高度为同学们指明道德和法治的方向。相较于高中生，大学生的理论思维更加发达，更善于从理论层面提出问题。比如现代社会条件下中国古代的传统道德是否需要继续弘扬，社会主义道德和西方道德为什么会有不同，社会主义法治和资本主义法治在本质上有什么区别。教师在构建教学内容体系的时候，要通过调查问卷或座谈交流等方式了解同学们在理论方面的疑惑，进行有理有据的分析，从而在理论高度增强说服力和感染力，为同学们释疑解惑，指明前进的方向。

道德教育和法治教育是“基础”课中重要的组成部分，是大学生养成良好的道德素质和法治素养的主要养分，其教学内容直接影响大学生对于道德和法治的认知与评价。同时，作为大学第一门思想政治理论课，其教学效果也会影响后续开设的三门课程。所以，教师在构建教学内容体系时，必须做到以学生为本，充分考虑当代大学生的思想状况和认知情况，结合大学生成长认知规律，综合考虑大学生多元的思想观念、价值取向和心理需求。[①] 教师在课堂上展现的教学内容绝不应该是教材内容的翻版或摹写，而是增加了时代鲜活内容的、令学生感兴趣而又易吸收的思想盛宴，是缜密思维与鲜活资料的统一，是理论和实践的统一，既能体现党和国家的意志和意识，又能充分照顾当代大学生的时代需求。这样才能真正做到以学生为本，从而让学生喜欢上"基础"课。

第四节 采用恰当的教学模式和方法

有了科学合理的教学内容体系，还需要采用恰当的教学模式和方法，才能将静态的教学内容体系转化为实际的教学行动，取得既定的教学效果。

一、适用于有机融合的教学模式和方法

（一）教学模式

教学模式的概念首先由美国哥伦比亚大学的布鲁斯·乔伊斯(Bruce Joyce)和马歇·韦尔(Marsha Well)两位学者提出，他们将其概括为构成课程和课业、选择教材、提出教师活动的一种范型和计划[②]。目前学术界对教学模式的认识可以概括为三种观点：一是教学模式就是教学过程的模式，是有关教学程序的"策略体系"或"教学样式"；二是从教学结构的教师、学生、教材三要素的组合关系考虑，教学模式属于教学结构的范畴；三是从方法论来看，教学模式是在教学实践基础上建立的一套组织、设计和调控教学活动的方法论体系。由此我们可以看出，教学模式是运用一定的教学理论逻辑，指导学生按照一定的程序开展学习活动，让学生积极参与学习过程而制定的相对稳定的教学活动结构或程序。它既是教学理论的具体化，又是教学经验的概括化，更是基础理论的有机组合。

在以往的研究中，就采用何种模式进行有机融合教学的问题上，有三种主要观点："融合论"认为应该按照一门课程的知识逻辑设计课程内容，在每一个专题中既要讲道德，也要讲法律，把"思想道德修养"和"法律基础"当成一种东西来看

---

① 胡菊华：《"思想道德修养与法律基础"课教材体系向教学体系转化的实现策略探析》，载《思想理论教育导刊》2007年第4期，第70-73页。

② 乔伊斯：《教学模式》，荆建华等译，中国轻工业出版社2002年版。

待;“组合论”认为“思想道德修养”与“法律基础”分属于不同的学科领域,具有不同的知识逻辑构建特点和规律,两者很难融合成一门课程,最好的方法是将两部分内容进行组合,保留各自的特点和优势;“折中论”认为既要按照一门课程进行知识体系构建,但两者又确实有不同的调节领域和知识构建特点,应有统有分,有整合有独立。我们认为三种观点各有道理,但从方便操作、实用可行和高效的角度考虑,建议采用以下两种具体模式。

第一种模式:在具体的理论讲解部分,选择道德与法律联系较多的关键知识点进行比较分析,不必凡是讲道德就要讲法律,反之亦然。要认真分析“05 方案”实施后教材内容体系的修改变化情况,深刻领会教材内容体系设计由“知识拼盘式”向“素质能力式”转化的精神实质,通过找准若干结合点,精心设计教学方案,做好教材内容体系向教学内容体系的转化工作。在此基础上,要积极探索和运用案例式、情景式、问题式及实践式等多种教学模式与方法,以实现知识教育融合、素质教育融合与能力教育融合的多重教学目标。

第二种模式:重点通过精选案例并进行分析的模式,案例的精选与分析需要达到三个具体教学目的。一是通过各种形式的案例分析达到加深学生对道德与法律基础知识理解与掌握的知识目标,这是最低层次的基础目标。二是通过各种形式的案例剖析锻炼学生解决道德与法律方面现实问题的能力目标,这是中级目标。三是通过各种形式、反复不断的案例分析和实践活动,促使学生形成稳定的法治思维优先意识,这是终极素质目标。

基于以上两种具体模式,道德教育与法治教育有机融合过程在教学形态上应努力呈现出互动性和交叉性,在法治教育中体现道德精神,在道德教育中渗透法治元素。要“改变‘拼盘式’的内容体系框架,结合大学生认知的特点,利用其思想信息的饥渴性、思想接受的前瞻性、思想接受的情绪性等特点,创建以行为规范为基础、以思想观念为核心、以相关权利与义务为重点的道德与法制教育教学内容体系”①。要改变一成不变的知识教育结构现状,构建以知识传授、观念引导、能力培养三位一体为基础,以大学生作为主体的道德教育与法治教育相关联的教学新模式。大学生对一板一眼的课堂教学较为排斥,他们比较容易认同和接受的是作为主体在生动形象、知行统一的实践活动中去体悟如何提升道德素养、如何增强能力素质和如何实践法治知识。因此,应广泛开展行之有效的社会实践、专题教育和志愿活动等实践活动,将第一课堂和第二课堂有机结合起来,使道德教育和法治教育从教师本体说教转变为学生主体实践,以此激发学生

① 陈大文:《促进大学生道德教育与法制教育有机结合的重要载体——关于〈思想道德修养与法律基础〉教材解读》,载《思想·理论·教育》2006 年第 11 期,第 20-24 页。

对"基础"课的兴趣和热情，增强学生对道德和法治在感性和理性层面的认知。

（二）教学方法

在完整的动态教学过程中，教学方法是为实现教学目标和完成教学任务而采用的各种行为方式、使用手段、教学工具等的总和，是联系教师、学生和教学内容三者的必要中介和重要桥梁，是完整的教学过程的重要环节和因素。教学是否成功、教学目标能否实现、能否取得预期的教学效果、教学效果的好与坏、教学效率的高与低，在很大程度上取决于教师所采用的教学方法。教学方法有着很强的实践意义，极大地影响着教学效率和教学效果。

"基础"课的教学实践主体是学生，但是不能缺少教师的正确引导和推动。教师要引导学生自主探究道德教育与法治教育的融合，要坚持学生的主体地位，从学生角度出发，变被动接受为主动探究，让学生对问题进行探讨和思考，以提升教育效果。现今的教学不能再一味采用教师"居高临下"式的传道授业，应代之以以教师为主导、以学生为主体进行互动式教学。教师通过案例式、情景式、问题式及实践式等多种教学方法，将蕴含着丰富法治内容的社会典型事件、热点事件的相关信息提供给学生，通过学生自主收集相关信息，整理发现、分析研讨其中的道德和法治内容，结合教材内容进行自主思考并提出问题。教师通过正确引导并回答问题，适时对其背后隐含的法律知识和道德精神进行讲评和分析。这种互动的教学可以满足大学生对时事热点的好奇和关注，激发大学生的学习热情，使课堂具有吸引力和感染力，通过生生间与师生间互动，使教学更贴近学生生活实际。[①] 教师通过引导学生自主地进行探究问题，提升学生的实践学习能力，通过实践活动向大学生慢慢渗透道德与法治观念，实现润物细无声的教育效果，从而使得道德教育与法治教育在实践活动中得以有机融合。

"'基础'课引导大学生树立正确世界观、人生观、价值观、道德观和法制观的一个重要特征就是凸显问题意识。"[②]由于课程教材相对稳定，但也相对滞后，无法把最新的社会生活和不同环境下学生最鲜活的生活经验和最新面对的实际问题都纳入进来，因而生活化教学是提升学生理解能力的关键之一。为此，在教学过程中，教师要根据自己的教学设计，将道德教育和法治教育进行结合，从道德层面、法律层面对问题进行剖析。在这一过程中，教师要善于创造、利用问题情境和情景教学，在每个教学单元中，可以设置相应的情境，对教材内容进行生活

---

① 蒋小燕：《"思想道德修养与法律基础"课中学生法治素养培育探索》，载《学校党建与思想教育》2019 年第 14 期，第 34-36 页。

② 吴潜涛：《〈思想道德修养与法律基础〉教材修订说明及教学建议》，载《思想理论教育导刊》2013 年第 9 期，第 18-24 页。

化和立体化处理。如围绕生活情境，让学生以合作学习的方式，对生活情境中涉及的道德问题和法律问题进行分析。教师于情境中生成的问题促进教学开展，产生新的问题，进入新的情境，学生于情境中运用知识进行实践，师生共同在实践中进行体验、评价、互动、巩固。在推动道德教育与法治教育有机融合中促进学生加深对教学内容和知识的理解体悟，提升学生的道德素养和法治素质。

二、重点通过案例式教学法实现有机融合教学目标

在案例式、情景式、问题式及实践式四种教学方法中，情景式、问题式和实践式教学相较于案例式教学，硬件条件要求更高，有时需要专门的场地、人员、课时、资金和设施等。此外，“基础”课是面向全校的公共性课程，基本上都是大班授课，要有效地实施情景式、问题式和实践式教学相对来说是有一定难度的。而案例式教学兼具可操作性、实效性和实践性，能有效促进“基础”课教育教学目标的实现，既能使学生很好地掌握和运用“基础”课中的理论、原理，也能使学生自觉运用“基础”课中的理论、原理指导社会实践活动。因此，在道德教育与法治教育有机融合教学过程中，案例式教学是目前以相对较少的人、财、物、时间的投入获得最佳效果和最大效益的教学模式。

（一）教学案例选取的原则

“基础”课的案例式教学的效果与案例的选取是否得当有很大关系，因此选取案例时要遵循以下原则。

第一，要兼具思想性和客观性。教学案例的思想性表现在要符合社会主义核心价值观并形成价值引领，能引导大学生树立正确的世界观、人生观、价值观、道德观和法制观。所选案例要力求客观，要“接地气”并被广泛认同，即案例须是真人真事，是对现实人、事、物的反映，并有相应的道德和法律依据可循。只有这样的案例才真实可信，具有说服力，容易使大学生欣然接收并引起共鸣。

第二，要兼具原理性和实践性。案例教学是一种教与学互动的教学形式，要想提升教学实效，就要坚持“教”“学”相长的原则，既要注重以教师、教材、教法等方面的研究为基础来选取案例，也要重视对学生、学法等方面的研究，以加强案例的时代性和实践性。“基础”课的理论性是其最基本的特性，这就要求所选取的案例与“基础”课理论紧密相关，符合大纲和教材要求，反映“基础”课的理论原理，具有理论深度。“基础”课还要实现让学生达到“知行合一”的教学目标。因此，所选案例还须贴近现实、贴近生活、贴近学生，符合学生的实际学习能力，以利于将抽象晦涩的理论知识内化于具体明了的生活情景，并能引导大学生在日

常生活实践中外化于行。

第三，要兼具时代性和典型性。“基础”课是一门与时俱进的课程，其中道德教育和法治教育的内容也随时代发展而变化，所以选取的案例须具有时代性，反映最新的社会生活经验和实际问题。否则过于陈旧的案例不但不能引起学生的兴趣，调动其积极性，反而会影响教学效果。在注重案例的时代性的同时，还应强调教学案例的典型性。“基础”课教学中选取的案例要能够客观反映当代生活中某一类事物的现象、本质或典型特点，具有一定的代表性。只有典型案例才具有普遍意义，才能使学生在分析问题的过程中既思路清晰，又可以避免争议性因素的干扰，达到“闻一知十”的效果。因此我们可以选取近几年的典型性案例，或者较早但具有重大影响或极具代表性的案例进行剖析。

（二）案例教学实施的注意点

1. 正确理解案例教学的内涵

在“基础”课中正确而有效地实施案例教学，前提是避免案例教学的认知和操作误区。

第一，要澄清案例教学与举例教学、问题教学的关系。首先要澄清“基础”课案例教学和举例教学的关系。虽然案例教学与举例教学二者有一定的相同点——都是以一类事例来阐释基本概念和理论，但案例教学并不等同于举例教学，有的教师将案例教学误解为在教学实施过程中通过多举例子来阐释教材中的基本概念和理论。实际上，二者具有本质差异，具体表现在：案例教学强调学生的主体性和主观能动性，以及师生的互动性和联动性，通过引导学生对教学案例的分析研讨，提升其求知的主动性和分析实际问题的能力；而举例教学一般是教师做好一切工作，通过举例把基本概念和原理变得通俗易懂，“灌输式”地使学生被动地接受所学内容。其次，要澄清“基础”课案例教学和问题教学的关系。虽然二者都可以启发学生的思维，以增强学生理解、分析和解决问题的能力，但并不意味着二者是等同的，二者在本质上存在差异性。具体表现在：案例教学通常是案例分析研讨为主，理论讲解说明为辅，引导学生综合运用分析、研讨等多种方法对反映特殊生活情境的教学案例进行辨析，具有强烈的研究性；而问题教学通常是理论讲解说明为主，问题分析为辅，大多是运用“争”“辩”的方式来分析简单明了的问题或命题，缺乏一定的研究性。

第二，要正确处理案例与教材的关系。“教材非常重要，是我们教学的基本依据。”[①]教材是“基础”课案例教学的重要依据，而案例则是重要“原料”。案例的选择必须遵循教材的理论逻辑主线，以教材的基本内容和教学的基本要求为依据，切不可脱离教材。因为“基础”课本身的思想性、理论性的特点，理论讲授成了案例教学中不可或缺的有机组成部分。因此，案例教学决不能和理论讲授相割裂，更不能替代教材。案例虽然鲜活生动、形象易懂，但如果案例与教材脱节就没有了相应的理论体系支撑，缺乏学理性的讨论分析过程就只能停留在表面，缺乏了教材的理论性、科学性和系统性，案例教学就难以深入。因此，在“基础”课案例教学实施过程中，教师应在案例教学正式开始之前对案例中所涉及的理论知识点进行简要讲解，并在分析讨论之前启发学生要如何加以运用。尤其是同时涉及不同章节的多个理论知识点时，教师就更有必要在案例教学中进行适当的理论讲授，使理论知识与教学案例有机结合起来。在概念澄清的基础上，教师要在“基础”课教学中依据教学具体目标和内容要求恰当地运用案例教学。如 2018 版教材的绪论部分就不适用案例教学。在第三章“弘扬中国精神”中运用案例教学，教师很可能处理成举例教学。在第五章“明大德守公德严私德”和第六章“尊法学法守法用法”中采取案例分析的方式，让学生对道德和法治之间的临界点进行度的把握，能够对法治问题和道德问题有一个明确的区分。

总之，案例教学的优势虽然很明显，但也不具有传统教学方法全面系统地说明和解释基本概念和原理的优势，较好的教学模式是两种教学方法配合使用，互相补充。

2. 注意教师在案例教学中的角色定位

高校思想政治理论课教学通常以灌输为主，教师也习惯于在课堂上扮演主导者。如从介绍案例、分析讨论到得出结论，均由教师亲自安排；喜欢用教材观点作为唯一判断标准，过分强调问题答案的唯一性，将学生不同的观点“一棍子打死”，缺乏必要的研究性。这些做法极大地挫伤了学生的积极性，也不利于培育学生的思维能力。教师要明确在案例教学中大学生是主体，不能采取灌输式、包办式的教学模式，要积极调动学生课堂的主动性和参与性，适时加以引导，借学生之口来表达相应的观点，启发他们独特的思维倾向和方法，使教师自身从讲解传授的角色转变为倾听引导者。如在案例教学中，教师引入时事热点，对法治问题进行剖析，做好有效引导，帮助学生进行分析，使学生意识到道德素质与法治问题之间的相互影响。通过有效的课堂教学，加深学生对法律知识的理解，从而对道德问题和法治问题的关联性予以有效把握。

---

① 本刊记者:《〈思想道德修养与法律基础〉教材征求意见座谈会述要》，载《思想理论教育导刊》2006 年第 7 期，第 9-12 页。

3. 把握好课堂气氛和节奏

“基础”课通常是大班授课，面对一百多名同学，要有效实施案例教学是有一定难度的。首先，教师需要创设一个平等民主、严肃活泼的课堂氛围，在这样的氛围中鼓励学生主动思考，积极表达想法。其次，教师还要善于掌控课堂节奏。出现不同状况时要采取不同的方式进行化解，如课堂“冷场”时，可以简单总结概述出讨论的主要内容，对学生发言做出评述，但要避免“全”而不“精”，然后过渡到下一论题；如有学生“顶牛”时，教师应在肯定学生积极思考的前提下，运用相关理论引导学生逐步辨析不同观点，指出相应的错误，澄清模糊认识；如讨论“跑偏”时，教师要及时把学生的注意力拉到教学内容的主要问题上来，把握住重难点，以巩固和提升教学效果。在这些过程中，教师潜移默化地对学生进行影响，强化学生对道德认知和法治知识的理解，使学生意识到道德教育与法治教育之间的密切关联，从而在理解问题和思考问题过程中，能够更好地从二者结合的角度出发，使道德教育和法治教育取得更好的效果。

第五节　建立有效的教学保障制度

“基础”课现行教材回归了“思想”“道德”与“法律”三大板块的内容编排体系，虽然课程目标明确了有机融合的要求，但没有具体的制度性规范要求。这就需要教师主动研究确定集中开展有机融合教育的课时数量和内容容量，并作为制度性的量化规定主动执行，否则，有机融合就会流于形式，甚至成为空谈。完善的理论研究是开展教学的基础和前提，完备的保障制度是教学有效运行的必备条件，科学的考评激励机制是提高教学实效性的必然要求。只有根据“基础”课教学的独特性要求，整合教学的理论研究、运行保障、考评激励等环节要素，使之形成有机联系、相互影响、相互渗透的教学支持体系，才能使教学产生最佳效果。因此，“基础”课教学的有效运行离不开强有力的保障条件，应该在软件和硬件两个方面加强规范化、制度化建设，量化教学课时安排与教学内容容量，完善考评机制的客观性、多元性和全过程性。①

① 曹洪军：《“思想道德修养与法律基础”课实践教学支持体系探析》，载《教育与教学研究》2011 年第 25 卷第 10 期，第 94-97 页。

一、软件和硬件两个方面加强规范化、制度化建设

（一）软件方面：教学内容与模式选择、教学目标设定、教学课时分配及师资配备要规范化、制度化

“基础”课教学实施前要制订详细的教学大纲，包括具体的教学内容、恰当的教学模式和明确的教学目标等，保证环节和要素的完备性，同时要给予必要的课时保障，配备足够的师资力量。首先，高校和教师要根据“基础”课教材体系内容，结合学生关心的热点问题、困惑问题以及学生的专业特点精心选择内容和教学模式，明确实践教学目标，保证教学不流于形式。① 其次，解决好教学课时严重不足、教师资源匮乏等问题。按照教学大纲的规定，“基础”课为48学时，并且“基础”课的任课教师的人均教学课时量远高于其他通识基础课程，教师要想在有限的时间和精力内完成教学内容和教学目标，甚至增加一定量的实践教学内容，恐怕是心有余而力不足。而根据相关政策和高校教学总时数的规定以及实际情况，想要增加合理的教学课时原则上是不可行的。这样就导致教师授课为了赶进度对知识的重难点讲解得不深不细，不能形成完整且有深度的教学内容体系；在道德教育与法治教育有机融合的教学过程中，诸如模拟情境、课堂辩论、社会实践等各种富有成效的教学方法和手段不能充分施展。长此以往，将会致使课程和教师的吸引力都随着课时的减少、教学压力的递增而随之递减，严重弱化了教学效果。

我们认为，为保证课时的落实以及第一课堂教学和第二课堂教学的合理课时比例，在教学的课时和师资保障方面，必须出台强硬的制度文件。要保障实践教学不低于“基础”课教学总课时的1/3；引进“基础”课教师，保障社会实践环节师生比不低于1∶350。同时，通过培训、进修、示范课堂观摩、高校思政课教师交流等方式提高教师的教学能力。有了充足的课时和高水平的教学师资队伍保障，再配以规范化的教学大纲并严格执行，才能真正提高教学的实效性。②

---

① 曹洪军：《“思想道德修养与法律基础”课实践教学支持体系探析》，载《教育与教学研究》2011年第25卷第10期，第94-97页。

② 曹洪军：《“思想道德修养与法律基础”课实践教学支持体系探析》，载《教育与教学研究》2011年第25卷第10期，第94-97页。

（二）硬件方面：专项经费划拨、模拟实践场地及校外实践基地建设要规范化、制度化

除课堂内的实践教学外，不管是校园内的还是走出校园的社会实践教学，都需要一定的经费支持和相对固定的场所支撑。如果这些硬件保障不能到位，无疑会影响实践教学的正常开展。为保证和加强思想政治理论课教学，教育部明确要求各高校每年要按一定的课时和生均数额标准划拨专项经费用于思想政治理论课教学。这项要求已经在绝大多数高校得到了贯彻执行，但具体到“基础”课实践教学应该享有多少份额，并没有明确规定。各校也基本没有关于实践课专项经费划拨的规范化、制度化文件。往往是每一次实践活动都要申请经费支持，手续繁琐，审批困难，教师望而生畏，大大影响了教师组织实践教学的积极性。[①]

我们认为，各高校应尽快出台用于“基础”课教学的专项经费划拨文件，明确资金使用项目，保障实践教学可以“落地生根”。以制度化的方式确保“基础”课日常教学、校园实践和社会实践活动获得资金支持。同时，任课教师要主动与学校主管部门联系，争取获得校园实践活动如模拟法庭、情景剧演出、多媒体情景演绎等必须的相对固定的场所和道具设备等，要广泛动用各种社会资源努力建立相对稳定的实践教学基地。[②]

二、有机融合案例教学的课时安排与内容容量

案例教学法的优势是明显的，但它也有自身的弱势，并非对每节课都适用，即使在同一章不同节也会有所区别。教师如果使用不当，极易将案例教学处理成举例说明，如果能巧妙运用案例教学，则可以提升课程的实践价值。因此，我们根据教育部高等学校思想政治理论课教学指导委员会下发的《“思想道德修养与法律基础”课专题教学指南》选择 5 个专题，在进行专题教学时插入适当案例，结合理论教学重点和学生所学专业等情况，统筹安排有机融合案例教学活动。具体的专题内容、对应案例主题及课时安排参见表 4-1 所列。

---

① 曹洪军：《“思想道德修养与法律基础”课实践教学支持体系探析》，载《教育与教学研究》2011 年第 25 卷第 10 期，第 94-97 页。

② 曹洪军：《“思想道德修养与法律基础”课实践教学支持体系探析》，载《教育与教学研究》2011 年第 25 卷第 10 期，第 94-97 页。

表 4-1 “思想道德修养与法律基础”课专题教学内容表

教学专题	有机融合教学内容	案例主题	课时
主题之一 提升思想道德素质与法治素养	1. 辨析道德和法律的关系(比较分析两者的调节领域、调节方式和调节目标) 2. 明确道德素质与法治素养的内涵	见义勇为、爱国等案例中的道德要求与法律要求	2
主题之二 社会主义道德与社会主义法律的本质与作用	1. 两者作为意识形态和社会治理工具共同服务社会主义国家 2. 两者都体现人民性,是人民利益的体现,具有共同的价值取向 3. 社会主义法律是良法	社会主义核心价值观中的诚信、民主中的道德要求与法律要求	2
主题之三 依法治国与以德治国	1. 两者有机结合的必要性 2. 两者有机结合的可行性 3. 两者各自的优缺点	秦岭违建别墅整治案例,有关诚实信用、公序良俗、正当防卫的案例,呼格吉勒图案例,电影《秋菊打官司》《我不是潘金莲》	2
主题之四 法治思维与道德思维	1. 两者的基本内涵 2. 两者的基本特征 3. 两者冲突时的优先顺序	有关大义灭亲、见义勇为、父债子还的社会思想或案例、辱母杀人案	2
主题之五 道德与法律的权力与义务	1. 道德权力与法律权力的异同 2. 道德义务与法律义务的异同	婚前同居、遗产继承、赡养老人的道德义务与法律义务	2

总之,要统筹安排有机融合的课堂教学和课外实践教学活动,制定量化的可操作细则并作为制度严格执行。

三、完善考评激励机制的客观性、多元性和全过程性

如果没有科学的考评激励机制,就难以调动师生开展和参与课程教学的积极性和主动性,课程教学的效果就会大打折扣。[①] 我们认为,“基础”课在教学的方式方法、目标内容及具体实施方面都与其他课程有所不同,所以在考评激励机制的构建中也不应该采用传统的评定方法。为使“基础”课实践教学实现良性发展,必须建立科学合理的考评激励机制。考评激励机制应该基于教师和学生两

① 曹洪军:《“思想道德修养与法律基础”课实践教学支持体系探析》,载《教育与教学研究》2011 年第 25 卷第 10 期,第 94-97 页。

个方面，高校要注重对教师和学生平时知行统一的考察提示，确保每个教师和学生能够达到教学要求，从而构建集客观性、多元性和全过程性于一体的“基础”课考评激励机制。

（一）对教师的考评激励机制

对教师应当实施教学全过程考核，构建同行、学生和教学管理部门三方综合评价制度。考核主要指标应该包括实施有机融合的教学态度、教学计划、教学方法、教学案例、教学互动、教学总结、教学效果等，重点考察这些指标的安排实施情况。在事先量化各项指标权重的基础上，由同行专家、听课学生和教务管理部门三方评价打分，把加权平均分数作为综合考评结果。同时，真正重视考评结果的运用，建立健全有机融合教学改革创新奖惩制度，并切实执行。具体而言，一方面，制定促进积极开展有机融合教学活动、提升教学效果的精神和物质奖励制度，通过评选优秀先进个人、在年度考核和职称评定方面予以政策倾斜等方式，鼓励更多的教师积极投身有机融合教学活动。另一方面，制定相应的惩罚制度，对消极对待有机融合教学、教学效果不佳的教师，通过诫勉谈话、通报批评、取消评优评先资格等方式，鞭策其进步。

鉴于道德教育与法治教育有机融合的推动力主要在教师层面，故需要我们详细研究有关教师的考评激励机制。我们主要从教师考评工作的存在问题、考评原则、考评指标体系以及考评结果的应用等方面进行研究。

1. 考评工作存在的问题

分析存在的问题是促进工作改善的开端。考评工作事关考评主体、考评客体、考评目标、考评指标体系和考评方法等诸多要素，只有各个要素明确无误并充分发挥其功能作用，才能保证考评工作取得实效。考察目前现行的考评工作，存在的主要问题可以归纳为以下“四个失衡”和“一个不重视”。

（1）考评的主体失衡

从考评主体角度而言，教育行政管理主体、教师主体与学生主体失衡。考评的主体，是指有权对“基础”课教师教学工作进行考核评价的单位或个人。理论上讲，主管“基础”课教学工作的部门、教师自身及其同行专家和学生等都应该具有发言权和评价权，都是评价的主体。但从考评工作的实际情况看，有的强调“行政管理主体论”，偏重“基础”课教学管理部门的考评权；有的强调“学生主体论”，偏重学生主体的评价权。现阶段“教师主体论”已经被大大弱化，大多数评价工作都忽视或轻视了教师自身的评价权。由于在事关谁是“基础”课教学工作考评的主体这一问题上各执一端，由此产生了评价主体失衡的现象。

（2）考评内容及其指标权重失衡

虽然现行的“基础”课教师考评体系基本都包括学术水平、教学能力、职业道德等多项内容，但体现为“三重三轻”。一是重教师自身科研成果指标轻学生培养成果指标，即考评体系指标过于注重教师个人科研产出成果，轻视从学生培养成果方面对教师的评价；二是重科研成果指标轻教学成果指标，即学术科研成果是最重要的考评项目，科研成绩成为确立教师地位和职称晋升的王牌，而对教学成果的考评只要完成最低标准和没有出现教学事故即可；三是重教师专业学术指标轻师德考评指标，即只重视教学科研等硬指标，忽视教师思想道德素质等软指标。这样的考核体系，实质上是割裂了“基础”课教师教学工作的整体性，违背了“基础”课教师的本质要求，不利于“基础”课教学工作的全面开展。

（3）工作结果考评与工作过程考评失衡

从目的角度而言，工作结果考评与工作过程考评失衡。“基础”课教师教学工作考评的目的，是既重视对教师从事“基础”课教学工作过程的考核，又重视工作实际结果的考核，从而实现全面扎实推进“基础”课教学工作实效的目的，这是由“基础”课教学工作的特殊性决定的。工作过程和工作结果存在密切联系，但教师劳动价值及其“基础”课教学结果的实现都具有较长的周期性，这就决定了对教师的考评应该是一个工作过程和工作结果相结合的考评。目前普遍存在重工作结果考评轻工作过程考核的情况，比较重视对教师发表学术成果、主持立项课题等的结果量化考核，而忽视了教师对学生培养各个环节指导的评估和从事科研学术过程的考察。重工作结果而轻工作过程的考评，无疑会导致教师产生急功近利倾向，将大部分精力集中于见效快、成果多的项目，也会使教师只是关注优秀的学生，而忽视了对其他学生的全面关照，这样不利于“基础”课教学工作的扎实推进。

（4）精确考评与模糊考评失衡

从考评方法角度而言，精确考评与模糊考评失衡。精确考评主要指量化考评，它“摆脱了评价者受个人好恶、亲疏、成见或偏见等主观心理因素的影响，打破了唯学历、凭资历、靠年头、论资排辈等传统管理模式，可真实、公正、全面及科学地评价教师的工作业绩”①。模糊考评主要是指利用专家的知识经验或受教育者的直观感受对教师工作做出模糊的定性评判。由于“基础”课教学工作具有特殊性，它既包括容易量化考核的学术和教学成果等，也包括教师在工作过程中从事教学与科研的责任心与治学态度、对学生培养投入的精力与热情等等。这些指标往往难以精确测量，这就需要用精确考评与模糊考评并重的考评方法，将两种考评办法综合起来，取长补短。这样才能对“基础”课教学工作做出客观全

---

① 陈松林：《教学型高校教师绩效考核研究》，华中师范大学2007年硕士学位论文。

面的评价。但目前主要是以精确的量化成果考评为主,模糊评价基本缺失。

(5) 不重视考评工作

上述“四个失衡”主要是针对考评工作的具体细节而言的,而这些问题的存在也正是考评工作总体上不被重视的结果。易言之,“基础”课教学工作总体上而言被大多数学生培养单位忽视或轻视,这其中既有思想观念方面的问题,也有制度方面的问题。从思想层面看,长期以来,“基础”课教学工作相对宽松自由,因而不少高校认为对“基础”课教师工作的考核评价也应该松散自由,导致对“基础”课教学的考核评价流于形式。从制度层面而言,由于缺乏严谨和完善的考核评价体系导致考核结果没有公信力,加之考核工作常常与奖惩工作脱节,考核结果不能与奖惩措施形成有效对接,因而“基础”课教师的工作积极性难以被调动起来,工作实效性就不言而喻了。

2. 考评工作的基本原则

原则即法则或标准,是解决问题的大政方针。针对目前“基础”课教师考评工作存在的问题,我们认为,改进相关工作应坚持以下四条原则。

(1) 主体全员考评原则

针对考评主体失衡的问题,要坚持主体全员考评原则。所谓的主体全员考评,即把高校教学管理部门、“基础”课教师和学生视为三个平等的考评主体,由三方根据教师考评指标体系分别对教师的教学工作予以评价,加权平均考核结果。这样的考评体系体现了考评主体的多元化,可以多角度全方面考察教师的实际工作情况,使得考评结果更加客观、真实、可信,也有利于促进考评主体之间的对话交流和共同进步。

(2) 全面考评原则

针对考评客体及指标内容失衡的情况,要坚持全面考评原则。考评内容指标应该全面客观地反映对“基础”课教师教学工作要求的方方面面。既包括教师的学术成果指标,也包括其教学成果指标;既包括教师专业学术指标,也包括其师德考评指标。总之,要从教学与科研、教师与学生、学术与品德等不同角度和层面,构建更加完善合理、规范、科学的教师教学工作考评指标体系。

(3) 全程考评原则

针对“基础”课教师教学工作的特殊性,要坚持全程考评原则。所谓全程考评,即不仅仅要对教师的工作结果进行考评,还要对教师从事整个教学工作过程进行考评。“基础”课教学工作本质上是一种复杂的脑力劳动,教师的劳动价值和工作成效很可能不会在短期内立刻显现。如果忽略对教师工作过程的考评,忽视了教育的长期性和教育成效的滞后性特征,只以教师工作结果作为唯一的考评指标,就会影响教师潜心教书育人工作的积极性。所以,强化对教师工作过程的考评是推进教学工作必不可少的环节。

(4) 精确考评与模糊考评相结合原则

针对精确考评与模糊考评失衡的问题,要坚持两者并重的考评原则。针对“基础”课教学工作过程、师德素质等的考评要以模糊考评为主,针对“基础”课教师工作成果的考评要以精确考评为主,两者要有机结合,不可偏废。需要指出的是,模糊考评不是不能打分,只是打分的依据和方式不同而已。教师的教学成果、教学工作量等可以通过量化的统计计算方式进行精确考评。而教师在日常生活工作过程中表现出的道德品质、科研态度、教学热情、精力投入等,往往难以精确量化,需要通过观察、体会和实际交往等方式进行模糊评价。

3. 教师教学工作考评指标体系

针对“基础”课教师教学考评工作,我们既要在思想上重视,又要在具体的制度操作层面发力,两者有机结合,才能真正促使教师教学工作取得实际效果。

(1) 从思想观念层面真正重视考评工作

相对于行动而言,思想具有先导性。真正促使“基础”课教师发挥教学工作的积极性,无疑需要具体的制度设计和考核评价体系,但这些工作能否顺利实施则首先取决于是否树立了全面重视考评工作的思想。所以,必须树立对“基础”课教师教学工作进行严格、全面、科学考评的思想。那种认为对教师教学工作考评可有可无的思想是极端错误的,不重视考评制度和科学评价体系建设的思想也是要不得的。为保证考评结果的客观公正,就必须设计、制定科学完善的考评指标体系,这是开展考评工作的核心环节。

(2) 从制度设计层面完善考评体系

依据上文所述改进“基础”课教师教学考评工作的相关原则,我们构建了“二三三”考评指标体系。即,完整的考评指标体系由三级考核指标组成,其中,一级指标两个,每个一级指标后下设三个二级指标,每个二级指标下设三个三级指标。两个一级指标分别为工作结果考核指标和工作过程考核指标。其中,工作结果指标包括教师科研指标、教师教学指标和学生成果指标三个二级指标,工作过程指标包括教师科研过程指标、教师教学过程指标和教师指导学生过程指标三个二级指标。这一指标体系适用于本科生教育管理部门、教师和学生三方主体,三方主体考评分数加权平均为最终考评结果。工作结果类的三个层级指标考评采用精确量化的打分方式,工作过程类的三个层级指标考核采用模糊打分方式。

(3) 考评指标确立依据说明

目前各种“基础”课教师评价体系比较繁杂,实际操作比较困难。我们将各种指标首先归于工作结果指标和工作过程指标,是根据“基础”课教师工作的特点和各种指标的性质确定的。教师作为一个教育者，对于学生的影响是全方位的，教师的一言一行，在日常接触中，无形地对学生的心灵、学识和情感产生重要影响。因此，“基础”课教师作为一个教育者，必须从学识、道德、情感等方面全面塑造自己的人格形象，努力增强自我的人格魅力，在治学和做人方面成为学生学习的榜样。所以，对“基础”课教师的考评指标应该包括教师自身的科研、教学和指导学生等多方面的要素，这些要素尽管复杂，但可以归结为容易直接量化打分的各种成果指标和不容易直接量化打分的培养过程指标。

4. 注重考评结果的运用：考评工作要与奖惩工作有机结合

上述考评方法既注重工作结果与工作过程两个一级指标的权重平衡，又注重二级和三级指标权重的适当倾斜，强调精确考核与模糊考核两种方法并用，赋予三方考评主体以平等考评权。相信这一考评体系对全面评价“基础”课教师教学工作成果及工作过程具有重要价值。

(1) 考评工作与奖惩工作之间存在的问题

从严格意义上讲，考评工作应该包括奖惩工作，考评体系应该包括奖惩条例。制定明确的奖惩制度并依据考核结果切实执行，才能确保考评工作取得实效。但目前的实际情况是：一方面，重考评制度建设，轻奖惩制度设计，重考核工作轻奖惩工作，乃至只考核不奖惩；另一方面，在实际运用考核结果进行奖惩时，也存在奖与惩不平衡的问题。尽管有的学校根据考评结果实施了奖惩措施，但主要采用了以评选优秀教师、优先晋升职称、增加岗位津贴等正面激励的方式，对教师惩罚的工作却做得很少。针对这一现象不少高校都设立了“师德问题”一票否决制，甚至规定了考核结果的末位淘汰处罚制，但是在具体执行过程中留后路，教师考评工作实际上没有充分发挥其激励先进、鞭策后进的功能。

(2) 坚持正向激励与反向惩罚相结合原则

在运用考评结果进行奖惩时要坚持正向激励和反向惩罚相结合的原则。考评的目的是为了通过激励先进，鞭策后进，进而调动“基础”课教师教学工作的积极性，提高教师教学工作的质量。因此，高校教师管理部门要及时将考核结果通报给教师，并予以公开。一方面，教师要主动反思自己的考核结果，主动查找问题，主动自我提升。另一方面，高校要平衡使用奖励和惩罚两种手段，根据考评结果，对表现良好的“基础”课教师不仅要给予奖金、津贴等物质奖励，而且还要给予先进个人荣誉称号、优先晋级职称等精神奖励。对责任心不强、师德表现不佳的教师要敢于运用负激励手段，对其处以降薪、降职乃至解雇等处罚。只奖励不惩罚，只能激励先进，而无法鞭策后进。只有做到正向激励与反向惩罚相结合的原则，才能充分发挥考评结果的双向功能，提升工作的实效性。

（二）对学生的考评激励机制

"基础"课教学一般以中班或大班上课为主，少则七八十人，多则一百五六十人，老师对学生的学习情况不完全掌握，给学生考评激励机制的建立带来了诸多挑战。而传统的学生考评激励方式主要是平时考勤和作业加期末论文或考试的形式，对于"基础"课来说，这种考评激励方式约束率低，激励效果差，而且会带来各种不公平。因此，可以说科学考评机制的关键在于形成有效的激励与约束，让学生做出反应。激励包括正向激励和负向激励，正向激励主要是激发同学们的学习热情，让他们主动学习，在学习中感受快乐和美好；负向激励主要是为了防止有些学生偷懒，使他们不得不通过平时的学习去通过期末的考评，否则，就不能通过考试，拿不到学分。

建立"基础"课中大班教学有效考评激励机制的核心理念在于以考评体系为引领，形成学生自主学习的约束，并养成学生主动学习的习惯。在对学生进行考核时，一方面要注重对学生参与教学活动全过程性表现的考核，具体包括常规课堂学习和考勤、参加实践活动的次数及认真程度、撰写调查报告的质量、在教学过程中表现出来的思想道德与法制观念等；另一方面注重对其参加教学活动后实际收获情况的客观性的考核，主要看教学活动是否对他们的思想道德水平与法制观念水平有所提升。教育者在学生考评过程中要做到考评体系立体化、考评要素多元化、考评结果客观化和公正化，杜绝弄虚作假。教育者在实施学生考评的过程中要从只重视"他评"到既重视"他评"也重视"自评"转变，积极促使考评活动成为学生自我教育、自我调节的有效载体，最大限度地发挥考评的导向功能、调节功能、启动功能和激励功能。① 教育者必须以发展的眼光来看待每位学生的思想道德水平与行为表现，注重学生个体发展的全过程性，要在一定的时空背景和环境背景下了解考评对象过去、现在的道德与法律素质状况，在纵向横向的比较中全面、客观地做出考评。只有采用动态的全过程性考评，尊重学生的思想动机，及时发现问题、分析问题，及时调整考评内容、考评方法和手段，避免唯学生行为结果的考评，才能最终实现"基础"课的考评目的。"基础"课的学生考评可采用学生自评、小组互评、教师终评"三位一体"②的多元化、立体化的评价体系，使学生的最终考评体现过程考评与结果考评的结合、定性考评与定量考评的统一。此外，还要对学生参加"基础"课教学活动的情况进行单独考核，加大实

---

① 李大健：《人性化 动态化 多元化——高校德育评价体系改革研究》，载《中国大学教学》2007 第 11 期，第 72 页。

② 李大健：《"思想道德修养与法律基础"课"三三制"实践教学体系探讨》，载《国家教育行政学院学报》2009 年第 12 期，第 63-68 页。

践教学分值所占“基础”课成绩总分比重，同时辅以评选实践活动先进个人，对严重违纪、违法学生成绩一票否决等。通过科学的考评激励机制激发学生的参与热情，提高学生践行社会主义核心价值观、加强自身修养的自觉性。①

总之，只有根据“基础”课教学的独特性要求，整合教学的理论研究、运行保障、实践激励等环节要素，建立科学的教师考评激励机制和学生考评激励机制，使它们之间形成有机联系、相互影响、相互渗透的考评激励关系，才能使“基础”课教学效果得到保障，最终达到“基础”课立德树人，培养社会主义合格建设者和可靠接班人的目的。

① 曹洪军：《“思想道德修养与法律基础”课实践教学支持体系探析》，载《教育与教学研究》2011年第25卷第10期，第94-97页。

第五章　道德教育与法治教育有机融合教学案例解析

【案例 1】

离婚后 4 套房产全送给丈夫？郑州女子这样操作被判刑

胡某与朱某系高中同学。2013 年开始，朱某多次向胡某借款，共计 700 万元。借款到期后，朱某未偿还借款，胡某遂向金水区法院提起诉讼。案件经过一审、二审审理后，法院判决朱某偿还胡某借款本金 700 万元和相应利息。

判决生效后，朱某仍未按判决书指定的期间履行义务，胡某遂于 2018 年 11 月 21 日向金水区法院申请强制执行。

执行立案后，金水区法院向被执行人朱某依法送达了执行通知书、报告财产令等相关执行文书。后经调查发现，朱某于 2018 年 11 月 27 日将名下一辆宝马越野车以 1 000 元的价格过户给了他人；于 2018 年 11 月 29 日与配偶徐某协议离婚，并约定将夫妻共同所有的四套房产均归徐某所有，上述宝马越野车亦归徐某所有。

金水区法院在发现朱某具有拒不执行判决、裁定线索后依法向公安机关移送，公安机关未予立案，后申请执行人胡某向该院提起刑事自诉，请求法院依法追究朱某拒不执行判决、裁定的刑事责任。

法院经审查，朱某在案件进入执行程序后，即与配偶徐某协议离婚，将房产在法院查封的情况下，双方协议均归徐某所有；朱某又将其以 86 万元购买的宝马车辆以 1 000 元明显不合理价格过户给他人。朱某辩解以车抵债的理由更不合理，因其转让车辆时与他人债权的真实性及数额均未经相关部门予以确认，且在将该车过户他人后又在离婚协议中显示该车归配偶徐某所有，明显与常理不符，其恶意转移财产的主观故意显而易见。

法院经审理后认为，被告人朱某对人民法院的判决、裁定有能力执行而拒不执行，情节严重，已构成拒不执行判决、裁定罪。最终判决被告人朱某犯拒不执行判决、裁定罪，判处有期徒刑一年六个月。宣判后，双方均不服判决，提出上诉。2020 年 7 月，郑州中院作出刑事裁定：驳回上诉，维持原判。

（摘编自《大河报》，2020 年 8 月 3 日）

【案例分析】

诚实守信在我国思想道德建设中具有特殊重要的作用，它既是中华民族的传统美德，也是我国公民道德建设的重点，是公民的基本道德准则，也是职业生活中的基本道德规范，还是社会主义核心价值观的一条重要准则。诚实就是真实无欺，既不自欺，也不欺人；守信就是重诺言，讲信誉，守信用。就个人而言，诚实守信是高尚的人格力量；就社会而言，诚实守信是正常秩序的基本保证；就国家而言，诚实守信是良好的国际形象。

不仅如此，诚信原则还作为民法的一项基本原则在我国的《民法典》中加以规定，《民法典》第七条："民事主体从事民事活动，应当遵循诚信原则，秉持诚实，恪守承诺"。诚实守信原则是民法对具有交易性质的民事法律行为和民事活动确立的基本准则，是将诚实信用的市场伦理道德准则吸收到民法规则中，约束具有交易性质的民事法律行为和民事活动行为人诚实守信，信守承诺。故诚信原则被称为民法特别是债法的最高指导原则，甚至被奉为"帝王原则"。

《中华人民共和国刑法》第三百一十三条规定："对人民法院的判决、裁定有能力执行而拒不执行，情节严重的，处三年以下有期徒刑、拘役或者罚金；情节特别严重的，处三年以上七年以下有期徒刑，并处罚金。"

本案中的朱某故意以不合理的价格将其名下的汽车过户给他人（后显示该车归配偶徐某所有）以及通过协议离婚的方式将其财产全部转移给其配偶，从而拒不执行法院生效的判决，偿还债权人的债务，这些有悖常理的做法很显然违反了诚实守信这个公民的基本道德准则，同时执行生效裁判也是每个公民应尽的法律义务，任何规避、抗拒的行为都要受到法律的严厉制裁。朱某最终因拒不执行判决、裁定罪，被判处有期徒刑一年六个月。

【案例 2】

高铁霸座

2018 年 8 月 21 日上午，有网友发帖反映，在从济南站开往北京南站的 G334 次列车上，遇到一名男乘客霸占别人的靠窗座位，不愿坐回自己的座位。当事女乘客叫来列车长后，该男乘客自称"站不起来"。列车长问其是否身体不舒服或者喝了酒，对方回答：“没喝酒。”列车长问：“没喝酒为什么站不起来？”对方称：“不知道。”并表示到站下车也站不起来，需要乘务员帮助找轮椅。他拒绝坐回自己的座位，并称让女乘客要么站着，要么坐他的座位，要么去餐车。

座位被占的女乘客是一名刚毕业的女生，从济南西站上车，而当事男乘客自己的座位与该座位仅隔着一两排。最后，列车长和乘警劝导男乘客无果，女乘客被安排到商务车厢的座位，直到终点。

针对社会关注的乘客“霸座”事件，中国铁路济南局集团有限公司官方微博8月24日发布了情况说明。

关于G334次列车乘客“霸座”事件的调查处理情况

针对近期社会关注的乘客“霸座”事件，铁路公安部门已对事件调查、取证完结。济南铁路公安处依据《治安管理处罚法》第二十三条一款三项之规定，给予孙某治安罚款200元的处罚。铁路客运部门依据《关于在一定期限内适当限制特定严重失信人乘坐火车推动社会信用体系建设的意见》《限制铁路旅客运输领域严重失信人购买车票管理办法》的规定，在铁路征信体系中记录该旅客信息，并在一定期限内限制其购票乘坐火车。

铁路部门将坚持以人民为中心的发展理念，以此为鉴，依法维护好站车秩序和旅客权益。

8月份新增失信联合惩戒对象公示，高铁“霸座男”孙某被限制乘坐所有火车席别180天。

2018年9月4日 新闻：在今年的8月21日，因为在高铁列车上霸占一位女士的座位，被网友戏称为“高铁霸座男”的孙赫被列入了严重失信人黑名单。

（摘编自央视新闻客户端、新浪新闻）

【案例分析】

高铁“霸座男”孙某的行为从个人角度来看，是其缺乏社会公德，违反了社会公共秩序，违反了公共道德良心。

我们知道，公共生活需要公共秩序。秩序是由社会生活中的规范来制约和保障的，公共秩序就是由一定规范维系的人们公共生活的一种有序化状态。有序的公共生活是社会生产活动的重要基础，是提高社会成员生活质量的基本保障，更是社会文明的重要标志。而维系公共秩序的道德规范就是社会公德，是指人们在社会交往和公共生活中应该遵守的行为准则，是维护公共利益、公共秩序、社会和谐稳定的起码的道德要求，其主要内容是文明礼貌、助人为乐、爱护公物、保护环境、遵纪守法。

道德主要依靠社会舆论、传统习俗和内心信念来发挥作用，依靠公众的品性和素养来规范人们的行为，而社会的稳定如果完全依靠个人的高素质显然是不可能的。高铁“霸座男”之所以会嚣张跋扈，无视乘务员的劝阻就是因为道德规范没有足够的力度去阻止他的这种行为。

但高铁“霸座”，真的只是道德问题吗？

高铁“霸座”不仅是不道德的行为，更是一种违法行为。

《治安管理处罚法》第二十三条规定，有下列行为之一的，处警告或者二百元以下罚款；情节较重的，处五日以上十日以下拘留，可以并处五百元以下罚款：

① 扰乱机关、团体、企业、事业单位秩序，致使工作、生产、营业、医疗、教学、科研不能正常进行，尚未造成严重损失的；

② 扰乱车站、港口、码头、机场、商场、公园、展览馆或者其他公共场所秩序的；

③ 扰乱公共汽车、电车、火车、船舶、航空器或者其他公共交通工具上的秩序的；

④ 非法拦截或者强登、扒乘机动车、船舶、航空器以及其他交通工具，影响交通工具正常行驶的；

⑤ 破坏依法进行的选举秩序的。

聚众实施前款行为的，对首要分子处十日以上十五日以下拘留，可以并处一千元以下罚款。

本案中对霸座男孙某的处罚主要依据的就是《治安管理处罚法》。

《民法典》通过细化客运合同当事人的权利义务，让你有理有据向“霸座者”说不！同时明确了承运机构有权拒载“霸座”乘客！

《民法典》第八百一十五条规定，旅客应当按照有效客票记载的时间、班次和座位号乘坐。旅客无票乘坐、超程乘坐、越级乘坐或者持不符合减价条件的优惠客票乘坐的，应当补交票款，承运人可以按照规定加收票款；旅客不支付票款的，承运人可以拒绝运输。

《民法典》第八百一十九条规定，承运人应当严格履行安全运输义务，及时告知旅客安全运输应当注意的事项。旅客对承运人为安全运输所作的合理安排应当积极协助和配合。

显而易见，《民法典》对“反霸座”条款进行的明确规定，既有助于旅客文明乘车，也有助于弘扬正确的价值观念，引导社会大众明辨是非！

【案例 3】

他有两个老婆却不构成重婚罪

王涛今年才 25 岁，但是他已经有了两段婚姻，关键是这两段婚姻还同时在持续，也就是说，他有两个老婆！

事情是这样的，王涛在 18 岁的时候遇到了第一个“老婆”陈芬，两人感情迅速升温，决定携手走完这一生。这个决定得到了双方家长的支持，但是因为二人当时均未达到法定结婚年龄，所以没有去领结婚证。王涛和陈芬两家人便决定按照农村的习俗给这两个孩子办了一场婚宴，也算是正式结婚了。

随着时间的推移，王涛和陈芬二人觉得结婚证并没有那么重要，加上琐事繁忙，也一直没有去领结婚证，但二人一直生活在一起，对外也自称是夫妻关系。

在外出打工期间，王涛又认识了肖梅，王涛这时候觉得肖梅才是自己人生的唯一，于是展开了对肖梅的追求，很快如愿以偿，并与肖梅办理了结婚登记。之后，王涛依然没有和陈芬分手，就这样同时保持着两段婚姻关系。但是，纸总是包不住火的，陈芬最终还是发现了王涛“重婚”的事实，肖梅也总算知道了王涛的真面目，两人怒不可遏，在要求离婚的同时也向公安机关报案，告王涛重婚罪。

而最终公安机关却告知——王涛不构成重婚罪！

（摘编自《黄埔检察》，2016 年 8 月 30 日，文中人名为化名）

【案例分析】

为什么王涛不构成重婚罪呢？

要回答这个问题，就必须搞清楚什么是重婚罪。所谓重婚罪，是指有配偶又与他人结婚或者明知他人有配偶而与之结婚的行为。所以构成重婚罪有两种情形：一是有配偶又与他人结婚；二是明知道他人有配偶，还是与他人结婚。

显而易见，如果王涛与陈芬办理了结婚登记，之后又与肖梅办理结婚登记，那肯定构成重婚罪。本案的关键在于他与肖梅结婚时并没有配偶！这是王涛不构成重婚罪的原因之所在。

难道陈芬不是王涛的配偶吗？

没有办理结婚登记，但是以夫妻名义共同生活的婚姻在法律上被称为“事实婚姻”，而实际上，除非是在 1994 年 2 月 1 日之前就已经存在的事实婚姻，否则法律上不承认这种没有办理结婚登记的“夫妻关系”是婚姻。

王涛和陈芬未满法定结婚年龄而结婚，根据《婚姻法》这种婚姻是无效的。当他们满法定结婚年龄之后，应该立即去办理结婚登记，领结婚证，但是他们没有，虽然对外他们以夫妻名义同居，但是依然不是法律所认可的“婚姻”，因此他们之间并不存在夫妻关系。既然不是夫妻关系，也就不是对方的配偶，因此，王涛在与肖梅结婚时没有配偶，故不构成重婚罪。

那事实婚姻是不是必然不会构成重婚罪？

说到这里，可能很多人就会想了，既然没有登记的事实婚姻不会构成重婚罪，那不去登记是否就不会构成重婚罪？

不是！事实婚姻也可能构成重婚罪！

如果我们把上面的案例倒过来，假如王涛和陈芬先进行了婚姻登记，而后和肖梅以夫妻名义共同生活，但没有办理结婚登记。那么王涛是不是构成重婚罪？

答案是肯定的。王涛此时已经构成了重婚罪！

根据相关的司法解释：有配偶的人与他人以夫妻名义同居生活的，或者明知他人有配偶而与之以夫妻名义同居生活的，仍应按重婚罪定罪处罚。所以，只要前婚是登记婚姻，后婚不管是登记婚姻还是事实婚姻，都可能构成重婚罪。

以夫妻名义是指对外宣称是夫妻，以夫妻名义处理日常事务等。私下的互称“老公”“老婆”并不能算是夫妻名义，公开互称“老公”“老婆”才算。

同居是指持续、稳定地共同生活居住。

那遇到重婚的应该怎么办？

很多人说，重婚罪是亲告罪，也就是必须当事人亲自去法院告才行，否则不予追究。其实这是个误区，重婚罪并不是亲告罪，只要公安机关发现有人重婚，就可以立案侦查，并不是一定要有人报案才行，如果有人报案，也不限于当事人，随便一个人都行。

此外，由于重婚罪最多只能判处有期徒刑二年(《中华人民共和国刑法》第二百五十八条规定，有配偶而重婚的，或者明知他人有配偶而与之结婚的，处二年以下有期徒刑或者拘役)，所以属于轻微刑事案件，只要被害人有证据证明，就可以直接向法院提起刑事自诉，无需经过公安机关立案侦查。这也是为什么重婚罪被误认为亲告罪的重要原因。

重婚不仅可能面临牢狱之灾，还会因此在离婚中尽占下风。因为《婚姻法》明确规定，重婚或者有配偶又与他人同居的，无过错方可以要求损害赔偿。

事实上，这种被民众认可却不被法律认可的事实婚姻在现实生活中却长期大量广泛存在着。造成这一现象的原因很多，其中一个重要原因就是我国民间流行仪式婚姻，许多人认为，只要举行了婚礼，亲朋好友认可，就是夫妻了，没有必要再履行法律手续。

由此可见，被民众所认可的行为不一定就是合乎法律的行为。

【案例 4】

不能让见义勇为的英雄流血又流泪

2018 年 12 月 14 日 10 时许，朱某在太仓市浏家港龙江路程某家中装修，正在四楼装修施工的张某不慎从四楼摔下，在二楼施工的朱某发现危情后迅速用手去接拉张某，随后二人一同摔到一楼地面。

张某腿部骨折，朱某左手手腕骨折，经过太仓市浏家港派出所调查及太仓市见义勇为基金会审核，朱某在此次事件中的行为属于见义勇为。

朱某因见义勇为行为造成了身体的严重创伤，也承担了重大经济损失，朱某与张某协商补偿事宜，但张某一直回避，迫不得已，朱某于 2019 年 9 月 3 日向太仓市法律援助中心寻求帮助，希望通过法律途径来维护自己的合法利益。

援助中心经审查决定为其提供法律援助，并指派江苏金太律师事务所赵晓芳律师承办。承办人收集案件相关证据材料后立即向法院提起诉讼，要求张某补偿损失。经法院调解，双方达成协议，由张某补偿朱某 7 万元。

（摘编自江苏司法行政在线，2020 年 7 月 16 日）

【案例分析】

见义勇为是中华民族的传统美德，也是社会主义核心价值观的重要彰显，是社会正能量的集中体现。但是见义勇为往往存在一定的风险，本案中的朱某就是因见义勇为而使自己的利益遭受了重大损失，这个损失如果由其个人承担，就是让英雄流血又流泪，与社会主流价值观相悖，是社会大众不能接受的，也会导致见义勇为的行为越来越少。

那么从法律角度看，因见义勇为行为使得自身受到伤害，能否对受助者提出赔偿请求？

《中华人民共和国民法典》对此进行了明确的规定。民法典第一百八十三条规定，因保护他人民事权益使自己受到损害的，由侵权人承担民事责任，受益人可以给予适当补偿。没有侵权人、侵权人逃逸或者无力承担民事责任，受害人请求补偿的，受益人应当给予适当补偿。本条就是对见义勇为受害人特别请求权的规定。第一百八十四条规定，因自愿实施紧急救助行为造成受助人损害的，救助人不承担民事责任。本条就是对善意救助者豁免的规定。

【案例 5】

男子“见义勇为”被拘 14 天

近日，“福州一男子见义勇为反被拘留 14 天”的消息在网络热传。昨天，《北京青年报》记者（下文所称“记者”均指《北京青年报》记者）从福州市公安局了解到，当地警方已经获悉此事，目前正对此事展开调查，将会发布情况通报。

当事男子赵宇告诉记者，2018 年 12 月 26 日晚，他在家陪爱人待产，听到楼下传来“强奸”“救命”的声音，赶紧下楼，看到一男子正在殴打一女子，遂上前将该男子拉开。赵宇说，拉开男子后对方先动手打了他两拳，“我把他撂倒后被掰住手指，为了挣脱，就踹了他一脚”。正是这一脚，此后为他带来一场风波。涉事男子被认定为重伤二级，赵宇也因此被福州市公安局晋安分局以涉嫌故意伤害罪刑事拘留。14 天后，赵宇才得以取保候审。赵宇告诉记者，他并不认识遭到侵害的女子，踹了那个男的完全是情急之下的反应，“虽然这次见义勇为带来的麻烦不少，但事发后妻子还是对我出手救人的行为表示赞同，也会支持我维权。现在，我希望警方能给出一个公平合理的处理结果。”如今，赵宇虽然已被释放，却仍时刻担心是不是要为自己的“见义勇为”承担刑事责任。

出于这种担心，他发帖详细介绍了此事，希望能够获得网友帮助，并很快引发网友热议。

赵宇的讲述得到了当事女子周蓉（化名）的印证。周蓉告诉记者，2018 年 12 月 26 日晚，自己在回家途中被涉事男子李华（化名）跟踪，对方跟踪她到家门口后又想要进到房间里，“我进到屋里反锁了房门”。遭到周蓉拒绝后，李华开始踹门，“现在门上还有脚印，门锁也踢坏了，后来他把门踹开了。”周蓉试图将其推出门外，却遭到李华的殴打。周蓉说，事发当天，是闺蜜杨光（化名）报的警。周蓉称，杨光出去报警后，李华还在一直殴打她，并尝试脱她的衣服。她喊了“救命”“强奸”后，赵宇赶来救了她。

事发当晚，周蓉和李华被带到派出所做笔录。对于网上有人质疑“性侵情节是否真实存在，赵宇踹人是否构成正当防卫”的疑问，周蓉说，自己在做笔录时已经向警方介绍了李华试图侵犯自己的情况，但由于李华已经被鉴定为重伤二级，需要接受治疗，暂未对其进行处罚，并不是因为“不存在强奸这回事”。

周蓉告诉记者，得知赵宇被刑拘以后，自己曾打电话向警方说明情况，“我很愧疚，他救了我，却被关进了看守所。”

据赵宇提供的拘留通知书显示，2018 年 12 月 29 日，他因涉嫌故意伤害罪被福州市公安局晋安分局刑事拘留，此后被羁押在福州市第一看守所。

2019 年 1 月 10 日，福州市第一看守所出具释放证明书。记者注意到，关于释放原因，该证明书显示为"因检察院不批准逮捕应立即释放"，经晋安公安分局决定，予以释放。

最终，检察机关认定赵宇的行为属于正当防卫，不负刑事责任。

2019 年 12 月 18 日，福州市举行年度见义勇为表彰大会。"制止施暴反被拘"当事人赵宇获得见义勇为先进分子光荣称号，并获三等奖励金 3 万元。

（摘编自《北京青年报》2019 年 12 月 19 日）

【案例分析】

从故意伤害被刑拘，到正当防卫不负刑责，再到见义勇为被表彰，赵宇的遭遇可谓是一波三折。但所幸的是，过山车式的过程并没有影响最终结果。无论是从法律上，还是从社会认可上，"好人有好报"这一在广大群众心目中最朴素的真理得到了印证。赵宇获得见义勇为先进分子称号更释放出一种积极信号，那就是见义勇为行为值得鼓励，法律会为见义勇为行为撑腰。相信这样的判例也会鼓励更多"赵宇"站出来，形成路见不平、守望相助的社会风气。

这一"反转"事件，显然有着非同寻常的意义，可以引领向善的社会风气。

在任何社会，面对不法侵害时，被侵害人都有自卫救济的权利，其他人也有"路见不平拔刀相助"的道德义务和权利。这是维护社会秩序正常运转和维护社会个体安全感的应有之意。如果把人们的这一权利剥夺了，或者强行要求其一定要等待公权机关的介入，无疑将极大地增加社会运行成本，并可能导致社会陷入丛林法则。

赵宇案引发了社会的极大关注，其影响早已超过了案件本身。正当防卫、见义勇为的界限到底在哪里？

我国《刑法》第二十条第一款规定："为了使国家、公共利益、本人或者他人的人身、财产和其他权利免受正在进行的不法侵害，而采取的制止不法侵害的行为，对不法侵害人造成损害的，属于正当防卫，不负刑事责任。"由这一规定可以看出，正当防卫是法律赋予公民的一项权利。它的行使必须符合法律规定的条件，我国刑法理论将正当防卫的构成条件概括为五个：

第一，从防卫意图看，正当防卫必须是为了使合法权益免受正在进行的不法侵害而实施。本案中，李华强行踹门进入他人住宅，并殴打他人，其行为属于"正在对他人的人身进行不法侵害"的情形。赵宇在这种情况下，上前制止李华，其目的是为了阻止李华继续殴打周某，其行为具有正当性、防卫性，属于“为了使他人的人身免受正在进行的不法侵害”的情形。

赵宇的行为是为了保护本人及周蓉合法的权益而实施的。为了保护合法的权益，这是正当防卫的目的性条件，也是刑法规定正当防卫不负刑事责任的重要依据。

第二，从防卫起因看，正当防卫必须针对不法侵害行为而实施。我国刑法中的不法侵害既包括犯罪行为，也包括其他违法行为。从公安机关认定的案情来看，李华实施了以下行为：① 酒后滋事；② 用力踢踹周某暂住处防盗门，强行进入房间；③ 殴打周某致其轻微伤。这些行为具有侵犯公民权利和扰乱社会秩序的性质。就本案而言，赵宇并没有全程在场，只是在听到踹门声和吵闹声以后，下楼查看的时候，看到李华正在殴打周蓉，才上前去解救周蓉，因而发生与李华的缠斗。对于赵宇来说，其行为明显具有见义勇为的性质，而且具有制止李华的不法侵害的目的。否则，赵宇完全可以袖手旁观充当看客。显而易见，赵宇之所以介入本案，是为了制止李华的不法侵害。如果李华就此罢手，则也就不会有此后案情的进一步发展。赵宇将李华拉拽致使李华倒地以后，李华起身转而对赵宇进行殴打，形成对赵宇的不法侵害。此时，赵宇为周蓉解围，但却受到李华对本人的不法侵害。赵宇当然没有束手挨打的义务，因而将李华推倒在地，并朝李华腹部踩了一脚，正是这一脚导致李华重伤。

第三，从防卫时间看，正当防卫必须针对正在进行的不法侵害行为而实施。本案中赵宇进行的防卫行为就是针对李华正在进行的不法侵害行为而进行的防卫。

第四，从防卫对象看，正当防卫必须针对不法侵害者本人而实施。实施正当防卫的目的，是为了及时有效地排除和制止正在进行的不法侵害，而不法侵害是由不法侵害者本人直接实施的。因此，要制止不法侵害、保护合法权益，只能针对不法侵害者本人进行防卫。本案中赵宇的防卫行为正是针对实施不法侵害行为的李华所进行的防卫。

第五，从防卫限度看，防卫行为不能明显超过必要限度造成重大损害。正当防卫明显超过必要限度造成重大损害的，应当负刑事责任，但是应当减轻或者免除处罚。那么，如何判断正当防卫行为是否超过必要限度呢？对此，在刑法理论上存在一定的争论。一般认为，防卫行为只要是为制止不法侵害所必需的，就不能认为超过了必要限度。只有实施了明显不是为制止不法侵害所必需的防卫行为，才能认为超过了必要限度。在具体案件中，防卫行为是否超过必要限度的判断是十分复杂的，应当结合具体案情进行客观的分析。从本案情况来看，在面对李华殴打的情况下，赵宇将李华拽倒在地并踩其一脚，这个行为本身不能认定是明显超过正当防卫必要限度的，因此不存在行为过当。而就该行为造成的重伤结果而言，确实具有一定的严重性。但这个重伤结果并不是赵宇主观上故意追求的，而是过失造成的结果。在李华进行不法侵害而受到赵宇防卫的情况下，这一结果属于李华应当承受的不利后果。（参考北大教授陈兴良的观点。）

由此可见，赵宇的行为完全符合《刑法》规定的正当防卫的条件，属于正当防卫行为，不负刑事责任。

最高人民检察院检察委员会副部级专职委员、第一检察厅厅长张志杰认为：

认定赵宇正当防卫有以下几个方面重要意义。

一是推进法治建设，培育良好社会风尚。认定赵宇的行为属于正当防卫，依法不负刑事责任，有利于鼓励见义勇为，弘扬社会正气。检察机关通过办案实践，把社会主义核心价值观融入办案过程，使司法活动既遵从法律规范，又符合道德标准；既守护公平正义，又弘扬美德善行，最终实现“法、理、情”的统一。

二是回应社会关切，体现司法担当。赵宇案受到舆论的高度关注，体现了人民群众对公平正义的期盼，检察机关以事实为根据、以法律为准绳重新审查本案的事实证据，及时对错误的司法结论作出纠正，体现了实事求是、有错必纠的担当精神，有助于提升司法公信力。

三是进一步统一执法标准，明确正当防卫与防卫过当的界限。由于法律规定比较原则，实践中正当防卫尺度很难把握，司法实践中不时出现认定标准不统一的问题。2018 年 12 月最高人民检察院在总结实践经验的基础上，专门针对正当防卫问题发布了第十二批指导性案例，以案例形式进一步廓清了正当防卫与防卫过当的界限，为司法实践提供了重要参考。这次检察机关对赵宇案撤销原相对不起诉决定，重新作出法定不起诉决定，也是参照了最高人民检察院第十二批指导性案例。同时，此案从防卫过当纠正为正当防卫，又进一步明确了执法标准，可供类似案件处理时参考借鉴，可以说具有典型示范意义。

【案例 6】

成都一小区居民把小偷挂牌示众　称要“杀鸡儆猴”

据中国之声《央广新闻》报道，近日，成都市一小区内，一名男子正准备偷盗摩托车却被巡逻人员逮个正着，闻讯而来的居民激动之余将该男子挂上“小偷”标牌示众，并令其当众下跪。小区居民称，这是“杀鸡儆猴”。

5 月 10 日临近中午，一名没有门禁卡的男子混在业主中间，进入该小区，门卫上前进行询问，该男子称是“找 5 栋 2 单元的张大爷，吃饭喝茶”。不过随后在男子进入小区，准备实施偷盗车辆时，再次被门卫老徐和一位巡逻员发现其可疑行径。在老徐与巡逻员又一番盘问下，该男子露出了马脚——将要去的 5 栋错指为6栋。老徐随即让该男子出示证件，但身份证上的照片与其本人完全不像。不仅如此，在该男子打开黑色长条形钱包时，老徐发现包里放着一把铰刀……互递了个眼神，老徐同巡逻员两人迅即一人一手抓住男子肩膀，继而反扣其双手，将其控制，并带入小区办公室。在其钱包内，发现藏着的3把刀具，还有附近多个小区的门禁卡。

闻讯而来的居民聚满办公室，有人找来硬纸壳写上"小偷"两字，在纸壳上打了两个洞，穿上红色塑料绳，挂在男子胸前，将其推到办公室门口，并命其跪下。有人还动了手，往其后背挥上了几拳。接到报警后，附近派出所民警迅速赶到现场，劝开了围在男子周围情绪激动的小区居民后，将其带进派出所，进行调查。

（摘编自《华西都市报》2016年5月12日、央广网2016年5月13日）

【案例分析】

面对猖狂的小偷，市民都充满了愤怒。小偷的行为不仅使人们的财产受损，也严重影响着人们的安全心理。抓捕小偷，同这种不法行为作斗争，既是法律赋予公民的一项权利，也是公民在道义上应尽的义务，这种正义行为应该受到法律的保护。然而，在抓住小偷之后，或长时间拘禁，或挂牌示众，甚至殴打小偷，这些做法显而易见是违法的。

在人们的传统意识里，很多人会习惯性地觉得小偷犹如"过街老鼠"，就应该"人人喊打"，甚至不少人认为可以挂牌示众、"杀鸡儆猴"，而且殴打小偷也是伸张正义。于是，在全国许多地方，对现场抓住的小偷常常是群起而攻之。

小偷固然可恨，但是挂牌示众甚至殴打小偷的处理方式就合理合法吗？

我国《宪法》第三十八条明确规定，中华人民共和国公民的人格尊严不受侵犯，禁止用任何方法对公民进行侮辱、诽谤和诬告陷害。即使是犯了法的人，也应有相应的人身权利，其尊严也受法律保护。在法律权限上，小偷行窃，居民有权参与抓捕、制伏、扭送小偷到警方；在小偷停止盗窃，而且无力逃脱的情况下，任何人均无权基于愤怒的情绪和看似正义的借口，对其挂牌示众进行羞辱或以暴力方式伤害其健康和生命。在法律程序上，即使小偷罪该获刑，也只能交由人民法院依照一定的法律程序作出审判，其他任何单位和个人都无权剥夺、限制他人的人身权，除非小偷在被发现作案后，不仅没有停止，反而变本加厉、暴力行凶，此时任何人均可实施正当防卫，将小偷制伏而无需承担刑事责任。把法律抛在脑后而以暴治暴、以恶惩恶，实际上是以一种犯罪手段制止另一种犯罪。

法治社会倡导和支持公民敢于同违法犯罪行为积极斗争的正义行为，同时法治社会也要求任何公民的行为都必须保持在合法的限度之内。抓小偷值得鼓励，但必须依法行使权利；对小偷应予处罚，但应当尊重小偷的人身权利。挂牌示众或殴打小偷本身并不因为羞辱的是人人痛恨的小偷而能豁免其法律责任。

（案例7～16均选自最高人民法院大力弘扬社会主义核心价值观典型民事案例。摘编自最高法网站）

【案例7】

董存瑞、黄继光英雄烈士名誉权纠纷公益诉讼案

——杭州市西湖区人民检察院诉瞿某某侵害烈士名誉权公益诉讼案

核心价值：革命英烈保护

一、基本案情

瞿某某在其经营的网络店铺中出售两款贴画，一款印有“董存瑞舍身炸碉堡”形象及文字“连长 你骗我！ 两面都有胶!!”，另一款印有“黄继光舍身堵机枪口”形象及文字“为了妹子，哥愿意往火坑跳！”。杭州市某居民在该店购买了上述两款贴画后，认为网店经营者侵害了董存瑞、黄继光的名誉并伤害了其爱国情感，遂向杭州市西湖区检察院举报。

西湖区检察院发布公告通知董存瑞、黄继光近亲属提起民事诉讼。公告期满后，无符合条件的原告起诉，西湖区检察院遂向杭州互联网法院提起民事公益诉讼。

二、裁判结果

杭州互联网法院认为，英雄烈士是国家的精神坐标，是民族的不朽脊梁。英雄烈士董存瑞在解放战争中舍身炸碉堡，英雄烈士黄继光在抗美援朝战争中舍身堵枪眼，用鲜血和生命谱写了惊天动地的壮歌，体现了崇高的革命气节和伟大的爱国精神，是社会主义核心价值观的重要体现。任何人都不得歪曲、丑化、亵渎、否定英雄烈士的事迹和精神。被告瞿某某作为中华人民共和国公民，应当崇尚、铭记、学习、捍卫英雄烈士，不得侮辱、诽谤英雄烈士的名誉。其通过网络平台销售亵渎英雄烈士形象贴画的行为，已对英雄烈士名誉造成贬损，且主观上属明知构成对董存瑞、黄继光的名誉侵权。同时，被告瞿某某多年从事网店销售活动，应知图片一经发布即可能被不特定人群查看，商品一经上线便可能扩散到全国各地，但其仍然在网络平台发布、销售上述贴画，造成了恶劣的社会影响，损害了社会公共利益，依法应当承担民事法律责任。该院判决瞿某某立即停止侵害英雄烈士董存瑞、黄继光名誉权的行为，即刻销毁库存、不得再继续销售案涉贴画，并于判决生效之日起十日内在国家级媒体公开赔礼道歉，消除影响。

最高人民法院民一庭审判员潘杰介绍，该案是2018年5月1日《中华人民共和国英雄烈士保护法》实施以来，首批适用该法、通过公益诉讼依法保护英雄烈士人格权益的案件，也是首例通过互联网审理的涉英烈保护案件，两案的裁判结果有力地传承了爱国主义精神，有效保护了英烈尊严，释放了“网络不是法外之地”的严厉信号。

《中华人民共和国民法典》第一百八十五条规定，侵害英雄烈士等的姓名、肖像、名誉、荣誉，损害社会公共利益的，应当承担民事责任。本条就是对侵害英雄烈士人格利益责任的规定。

三、典型意义

董存瑞、黄继光等英雄烈士的事迹和精神是中华民族共同的历史记忆和宝贵的精神财富。对英烈事迹的亵渎，不仅侵害了英烈本人的名誉权，给英烈亲属造成精神痛苦，也伤害了社会公众的民族和历史感情，损害了社会公共利益。互联网名誉侵权案件具有传播速度快、社会影响大等特点，该两案系全国首次通过互联网审理涉英烈保护民事公益诉讼案件，明确侵权结果发生地法院对互联网民事公益诉讼案件具有管辖权，有利于高效、精准打击利用互联网侵害英雄烈士权益不法行为，为网络空间注入尊崇英雄、热爱英雄、景仰英雄的法治能量。

【案例8】

淮安谢勇烈士名誉权纠纷公益诉讼案

——淮安市人民检察院诉曾某侵害烈士名誉权公益诉讼案

核心价值：当代英烈保护

一、基本案情

江苏省淮安某小区一高层住宅发生火灾，消防战士谢勇在解救被困群众时坠楼壮烈牺牲，公安部和江苏省有关部门追认谢勇同志“革命烈士”称号，追记一等功以及追授谢勇“灭火救援勇士”荣誉称号。被告曾某对谢勇烈士救火牺牲一事在微信群中公然发表“不死是狗熊，死了就是英雄”“自己操作失误掉下来死了能怪谁，真不知道部队平时是怎么训练的”“别说拘留、坐牢我多(都)不怕”等侮辱性言论，歪曲烈士谢勇英勇牺牲的事实。谢勇的近亲属表示对曾某的侵权行为不提起民事诉讼，并支持检察机关提起诉讼追究曾某侵权责任。江苏省淮安市人民检察院遂向淮安市中级人民法院提起民事公益诉讼，请求判令曾某通过媒体公开赔礼道歉、消除影响。

二、裁判结果

淮安市中级人民法院认为，英烈精神是弘扬社会主义核心价值观和爱国主义精神的体现，全社会都应当认识到对英雄烈士合法权益保护的重要意义，有责任维护英雄烈士的名誉和荣誉等民事权益。本案中，被告曾某利用微信群，发表带有侮辱性质的不实言论，歪曲烈士谢勇英勇牺牲的事实。因该微信群成员较多且易于传播，被告的此种行为对谢勇烈士不畏艰难、不惧牺牲、无私奉献的精神造成了负面影响，已经超出了言论自由的范畴，构成了对谢勇烈士名誉的侵害。网络不是法外之地，任何人不得肆意歪曲、亵渎英雄事迹和精神。诋毁烈士形象是对社会公德的严重挑战，被告曾某的行为侵犯社会公共利益，该院判令曾某应当在当地地级市一级报纸上公开赔礼道歉。

三、典型意义

本案是《中华人民共和国英雄烈士保护法》实施后全国首批适用该法进行审判的案件，是以检察机关提起公益诉讼方式保护当代消防英烈名誉、维护社会公共利益的典型案例。本案中，谢勇烈士的英雄事迹和精神为国家所褒扬，成为全社会、全民族宝贵的精神遗产，其名誉、荣誉等人格权益已经上升为社会公共利益，不容亵渎。曾某利用成员众多、易于传播的微信群，故意发表带有侮辱性质的不实言论，歪曲烈士谢勇英勇牺牲的事实，诋毁烈士形象，已经超出了言论自由的范畴，侵害了谢勇烈士人格权益和社会公共利益，应承担相应的法律责任。本案裁判顺应时代要求，回应民众呼声，通过释法说理匡扶正义，传播社会正能量，弘扬时代主旋律，对营造崇尚英烈、敬重英烈、捍卫英烈精神的社会环境以及引导公众树立正确的历史观、民族观、文化观，起到积极作用。

【案例 9】

村民私自上树摘果坠亡索赔案

——李某某等人诉某村委会违反安全保障义务责任纠纷案

核心价值:公序良俗,文明出行

一、基本案情

案涉某村为国家 3A 级旅游景区,不收门票,该村内河堤旁边栽种有杨梅树,该村村委会系杨梅树的所有人。杨梅树仅为观赏用途,该村委会未向村民或游客提供杨梅采摘旅游项目。吴某某系该村村民,其私自上树采摘杨梅不慎从树上跌落受伤。随后,该村委会主任拨打 120 救助,在急救车到来之前又有村民将吴某某送往市区医院治疗,吴某某于摔倒当日抢救无效死亡。吴某某子女李某某等人以某村委会未尽安全保障义务为由起诉该村委会承担赔偿责任共计 60 余万元。

二、裁判结果

广州市中级人民法院再审认为,安全保障义务内容的确定应限于管理人的管理和控制能力范围之内。案涉景区属于开放式景区,未向村民或游客提供采摘杨梅的旅游项目,杨梅树本身并无安全隐患,若要求某村委会对景区内的所有树木加以围蔽、设置警示标志或采取其他防护措施,显然超过善良管理人的注意标准。吴某某作为完全民事行为能力的成年人,应当充分预见攀爬杨梅树采摘杨梅的危险性,并自觉规避此类危险行为。吴某某私自爬树采摘杨梅,不仅违反了该村村规民约中关于村民要自觉维护村集体的各项财产利益的村民行为准则,也违反了爱护公物、文明出行的社会公德,有悖公序良俗。吴某某坠落受伤系其自身过失行为所致,某村委会难以预见并防止吴某某私自爬树可能产生的后果,不应认为某村委会未尽安全保障义务。事故发生后,某村委会亦未怠于组织救治。吴某某因私自爬树采摘杨梅不慎坠亡,后果令人痛惜,但某村委会对吴某某的死亡不存在过错,不应承担赔偿责任。

三、典型意义

本案是人民法院依职权再审改判不文明出行人自行承担损害后果的案件。

再审判决旗帜鲜明地表明，司法可以同情弱者，但对于违背社会公德和公序良俗的行为不予鼓励、不予保护，如果“谁闹谁有理”“谁伤谁有理”，则公民共建文明社会的道德责任感将受到打击，长此以往，社会的道德水准将大打折扣。本案再审判决明确对吴某某的不文明出行行为作出了否定性评价，改判吴某某对坠亡后果自行担责，倡导社会公众遵守规则、文明出行、爱护公物、保护环境，共建共享与新时代相匹配的社会文明，取得了良好的社会效果。

【案例 10】

撞伤儿童离开被阻猝死索赔案

——刘某某、郭某丽、郭某双诉孙某、某物业公司生命权纠纷案

核心价值：助人为乐，友善共处

一、基本案情

郭某林在某小区骑自行车时将在小区内玩耍的 5 岁男童罗某某撞倒在地，造成罗某某右颌受伤出血。同为该小区居民的孙某见状后，马上找人联系罗某某家长，并告知郭某林应等待罗某某家长前来处理。郭某林称是罗某某撞了自己，欲先离开。因此，郭某林与孙某发生言语争执。孙某站在自行车前阻拦郭某林，不让郭某林离开。郭某林情绪激动，称此事应交由 110 处理，随后将自行车停好，并坐在石墩上等候，郭某林坐下后不到两分钟即倒地。孙某拨打 120 急救电话，医护人员赶到现场即对郭某林实施抢救。郭某林经抢救无效，因心脏骤停死亡。刘某某、郭某丽、郭某双作为郭某林的配偶及子女，起诉请求孙某及小区物业公司承担赔偿责任共计 40 余万元，并要求孙某赔礼道歉。

二、裁判结果

信阳市平桥区人民法院认为，孙某见到郭某林将罗某某撞倒在地后，让郭某林等待罗某某的家长前来处理相关事宜，其目的在于保护儿童利益，该行为符合常理，不仅不具有违法性，还具有正当性，应当给予肯定与支持。孙某与郭某林在事发前并不认识，孙某不知道郭某林身体健康状况，孙某在阻拦过程中虽与郭某林发生言语争执，但孙某的言语并不过激，其阻拦方式和内容均在正常限度之内，阻拦行为本身不会造成郭某林死亡的结果。在郭某林倒地后，孙某及时拨打 120 急救热线救助，郭某林在抢救过程中因心脏骤停而不幸死亡，孙某的阻拦行

为与郭某林的死亡结果不存在法律上的因果关系，孙某亦不存在过错，其不应承担侵权责任。

关于某物业公司应否承担责任的问题。郭某林与罗某某相撞的地点为小区居民休闲娱乐广场，该地点并不是行人及非机动车的专用通道，没有证据证明罗某某及其他人员在该地点进行休闲娱乐超过一定的限度，进而影响了正常通行和公共秩序。事故的发生原因并不是小区内正常通行受阻的结果，不能归咎于物业公司管理不善。在郭某林与孙某争执过程中，某物业公司保安人员前去相劝，履行了相应的管理职责。某物业公司对郭某林的死亡不存在过错，不应承担侵权责任。

三、典型意义

一段时期以来，“搀扶摔倒老人反被讹诈”等负面新闻屡屡见诸媒体报道，公众良知不断受到拷问和挑战，引发了人们对社会道德滑坡的担心和忧虑。本案中，好心人孙某对侵害儿童权益的行为进行合理地阻止，不仅不具有违法性，反而具有正当性，值得肯定和鼓励。本案判决好心人不担责，向社会公众明确传递出法律保护善人善举的信号，消除了老百姓对助人为乐反而官司缠身的担心和顾虑，让“扶不扶”“救不救”等问题不再成为困扰社会的两难选择。本案裁判对弘扬诚信相待、友善共处、守望相助的社会主义核心价值观起到积极的宣传和引导作用。

【案例 11】

微信群发表不当言论名誉侵权案

——某公司、黄某诉邵某名誉权纠纷案

核心价值：社会公德，文明交往

一、基本案情

某公司在某小区开有一家美容店，黄某系该公司股东兼任美容师，邵某系该小区业主，邵某因美容服务问题在美容店内与黄某发生口角。邵某利用其小区业主微信群群主的身份，在双方发生纠纷后多次在业主微信群中散布谣言，对某公司、黄某进行造谣、诽谤、污蔑、谩骂，并将黄某从业主群中移出，某公司因邵某的行为生意严重受损。为此，某公司、黄某向法院起诉请求邵某赔礼道歉、消除影响、恢复名誉，同时要求赔偿损失及精神抚慰金共计 3 万元。

二、裁判结果

北京市顺义区人民法院认为，公民、法人享有名誉权，公民、法人的人格尊严受法律保护，禁止用侮辱、诽谤等方式损害公民、法人的名誉。本案中，邵某在与黄某发生纠纷后，在双方共同居住的小区业主微信群中针对某公司、黄某发表言论并使用黄某照片作为配图，其对某公司、黄某使用了贬损性言辞，但其未提交证据证明其所发表涉案言论的客观真实性，造成不当言论的传播，邵某在主观上具有过错。网络信息传播迅速，从微信群中其他用户反映情况看，涉案言论确易引发对某公司经营的美容店的猜测和误解，导致对某公司、黄某的负面认识，造成原告社会评价降低，故邵某的行为侵犯了某公司和黄某的名誉权，邵某应当就此承担民事侵权责任。一审法院酌情支持了黄某要求赔礼道歉、赔偿精神损失以及某公司要求赔礼道歉、赔偿经济损失的主张。邵某不服一审判决，提起上诉。北京市第三中级人民法院终审判决驳回上诉，维持原判。

三、典型意义

在互联网+时代，微信虽为网络虚拟空间，但已成为与人们生活密不可分的交往工具。微信群、朋友圈不是法外之地，公民在微信群和朋友圈等网络空间同样需要遵守国家的法律法规，不能为所欲为、不加节制。在微信群、朋友圈中损毁他人名誉，构成网络名誉侵权，应承担相应的法律责任。本案对于规范公民网络空间行为、树立文明交往风尚、构建良好网络社会秩序具有积极意义。

【案例 12】

“暗刷流量”合同无效案

——常某某诉许某网络服务合同纠纷案

核心价值：诚实守信，网络秩序

一、基本案情

许某通过微信向常某某寻求“暗刷的流量资源”，双方协商后确认常某某为许某提供网络暗刷服务，许某共向常某某支付三次服务费共计一万余元。

常某某认为，根据许某指定的第三方 CNZZ 后台数据统计，许某还应向常某某支付流量服务费 30 743 元。许某以流量掺假、常某某提供的网络暗刷服务本身违反法律禁止性规定为由，主张常某某无权要求支付对价，不同意支付上述款项。常某某将许某诉至北京互联网法院，请求判令许某支付服务费 30 743 元及利息。

二、裁判结果

北京互联网法院认为，“暗刷流量”的行为违反商业道德底线，使得同业竞争者的诚实劳动价值被减损，破坏正当的市场竞争秩序，侵害了不特定市场竞争者的利益，同时也会欺骗、误导网络用户选择与其预期不相符的网络产品，长此以往，会造成网络市场“劣币驱逐良币”的不良后果，最终减损广大网络用户的利益。常某某与许某之间“暗刷流量”的交易行为侵害广大不特定网络用户的利益，进而损害了社会公共利益，违背公序良俗，其行为应属绝对无效。

“暗刷流量”的交易无效，双方当事人不得基于合意行为获得其所期待的合同利益。虚假流量业已产生，如以互相返还的方式进行合同无效的处理，无异于纵容当事人通过非法行为获益，违背了任何人不得因违法行为获益的基本法理，故对双方希望通过分担合同收益的方式，来承担合同无效后果的主张，一审法院不予支持。常某某与许某在合同履行过程中的获利，应当予以收缴。一审法院判决驳回原告常某某要求许某支付服务费 30 743 元及利息的诉讼请求；并作出决定书，收缴常某某、许某的非法获利。一审判决作出后，双方当事人均未提起上诉，一审判决已发生法律效力。

三、典型意义

此案是全国首批涉及“暗刷流量”虚增网站点击量的案件。网络产品的真实流量能够反映出网络产品的受欢迎度及质量优劣程度，流量成为网络用户选择网络产品的重要因素。“暗刷流量”的行为违反商业道德，违背诚实信用原则，对行业正常经营秩序以及消费者的合法权益均构成侵害，有损社会公共利益。本案对“暗刷流量”交易行为的效力予以否定性评价，并给予妥当的制裁和惩戒，对治理互联网领域内的乱象有积极推动作用。

【案例 13】

开发商“自我举报”无证卖房毁约案

——某房地产公司诉李某某确认合同无效案

核心价值：诚实守信，严守契约

一、基本案情

某房地产公司与李某某签订了商品房内部认购合同书，该认购合同约定了双方的名称、住所、房屋的基本情况、单价、总价款、付款方式、付款时间等内容。合同签订当日，李某某即向某房地产公司交纳全部购房款。其后，该房地产公司在案涉开发项目已经取得土地使用证、建设用地规划许可证、建设工程规划许可证与建筑工程施工许可证的情况下，以案涉房屋未取得商品房预售许可证为由，将李某某起诉至法院，请求确认双方签订的内部认购合同无效。

二、裁判结果

西安市中级人民法院认为，李某某在签订认购合同当日即支付了全额购房款，某房地产公司作为销售方的合同目的已经实现，但其不积极履行己方合同义务，在房地产市场出现价格大幅上涨的情况下提起本案诉讼主张合同无效，违背诚实信用原则。某房地产公司签约时未取得商品房预售许可证，虽然违反了商品房预售许可制度，但案涉楼盘在一审诉讼前已经取得了除预售许可证之外的“四证”，工程主体已经建成，在李某某上诉过程中，案涉楼盘也取得了商品房预售许可证，预售制度所欲避免的风险在本案中已经不存在。因此，该公司签约时未取得商品房预售许可证的事实，并不必然导致其签订认购合同的民事法律行为无效。该公司为获取超出合同预期的更大利益，违背合同约定，提起本案诉讼主张合同无效，显然与社会价值导向和公众认知相悖，法院不予支持。

三、典型意义

本案不因开发商签约时未取得商品房预售许可证而机械认定房屋认购合同无效，而是结合合同目的、合同履行、商品房预售制度的立法目的等因素，认定商品房预售制度所欲避免的风险在本案中已经不存在，开发商提起本案诉讼是为获取超出合同利益的恶意违约行为，故而对开发商违背诚信的行为给予否定性评价，依法保护了消费者合法权益，维护了房地产交易的稳定性，引导市场交易主体诚信经营、严守契约，是一份有温度、有力量的公正判决。

【案例 14】

吃“霸王餐”逃跑摔伤反向餐馆索赔案

——马某诉佘某某、李某侵权责任纠纷案

核心价值：诚实守信

一、基本案情

佘某某、李某系夫妻关系，二人经营餐馆。马某等人在佘某某、李某经营的餐馆就餐，餐费约 260 元左右。李某因发现马某等人未结账即离开，于是沿路追赶。李某看到马某等人后，呼喊买单再走，马某等人遂分散走开，其中马某距离李某最近，李某便紧跟着马某，并拨打 110 报警。随后，佘某某赶到，与李某一起追赶马某，马某在逃跑过程中摔伤。经鉴定，马某损伤程度属轻伤二级，住院治疗产生医疗费等支出。马某遂诉至法院，请求判令佘某某、李某赔偿其因被追摔伤所造成的各项经济损失 4 万余元。

二、裁判结果

襄阳市中级人民法院认为，就餐后付款结账是完全民事行为能力人均应知晓的社会常理。马某等人就餐后未买单，也未告知餐馆经营人用餐费用怎么处理即离开饭店，属于吃“霸王餐”的不诚信行为，经营者李某要求马某等人付款的行为并无不当。佘某某、李某在发现马某等人逃跑后阻拦其离开，并让马某买单或者告知请客付款人的联系方式，属于正当的自助行为，不存在过错。马某在逃跑过程中因自身原因摔伤，与李某、佘某某恰当合理的自助行为之间并无直接因果关系，李某、佘某某不应对马某摔伤造成的损失承担赔偿责任。

三、典型意义

吃“霸王餐”是违反公序良俗的不文明行为，吃“霸王餐”后逃跑摔伤，反向餐馆索赔，不仅于法无据，更颠覆了社会公众的是非观。本案不支持“我伤我有理”

"我闹我有理"，对吃"霸王餐"者无理的索赔请求不予支持，发挥了司法裁判匡扶正义，引领诚信、友善、文明的社会新风尚的积极作用。

【案例 15】

自愿赡养老人继承遗产案

——高某翔诉高甲、高乙、高丙继承纠纷案

核心价值：中华孝道

一、基本案情

高某启与李某分别系高某翔的祖父母，高某翔没有工作，专职照顾高某启与李某生活直至二人去世，高某启与李某后事由高某翔出资办理。高某启与李某去世前立下代书遗嘱，主要内容为因高某翔照顾老人，二人去世后将居住的回迁房屋送给高某翔。高甲、高乙、高丙为高某启与李某的子女，案涉回迁房屋系高某启、李某与高甲交换房产所得。高甲、高乙、高丙认为案涉代书遗嘱的代书人是高某翔的妻子，且没有见证人在场，遗嘱无效。高某翔以上述三人为被告提起诉讼，请求确认高某启、李某所立案涉遗嘱合法有效，以及确认其因继承取得案涉回迁房屋的所有权。

二、裁判结果

鞍山市中级人民法院认为，高某翔提供的代书遗嘱因代书人是高某翔的妻子，在代书遗嘱时双方是恋爱关系，这种特殊亲密的关系与高某翔取得遗产存在身份和利益上的利害关系，属于《中华人民共和国继承法》（以下简称《继承法》）第十八条规定的禁止代书人，因此其代书行为不符合代书遗嘱的法定形式要求，应属无效。本案应当按照法定继承进行处理。高某翔虽然不是法定第一顺序继承人，但其自愿赡养高某启、李某并承担了丧葬费用，根据《继承法》第十四条的规定，继承人以外的对被继承人扶养较多的人，可以分配给他们适当的遗产，高某翔可以视为第一顺序继承人。

《继承法》第十四条所规定的"适当分配遗产"，是指与非继承人所行扶养行为相适应，和其他有赡养义务的继承人所尽赡养义务相比较的适当比例。高某翔虽没有赡养祖父母的法定义务，但其能专职侍奉生病的祖父母多年直至老人病故，使老人得以安享晚年，高某翔几乎尽到了对高某启、李某两位被继承人生养死葬的全部扶养行为，这正是良好社会道德风尚的具体体现，并足以让社会、家庭给予褒奖。而本案其他继承人有能力扶养老人，但仅是在老人患病期间轮流护理，与高某翔之后数年对患病老人的照顾相比，高甲、高乙、高丙的行为不能认为尽到了扶养义务。据此，高某翔有权获得与其巨大付出相适应的继承案涉回迁房屋的权利。

三、典型意义

遗产继承处理的不仅是当事人之间的财产关系，还关系到家庭伦理和社会道德风尚，继承人应当本着互谅互让、和睦团结的精神消除误会，积极修复亲情关系，共促良好家风。本案中，高某翔虽没有赡养祖父母的法定义务，但其能专职侍奉生病的祖父母多年直至老人病故，是良好社会道德风尚的具体体现，应当予以鼓励。本案裁判结合《继承法》的规定对高某翔的赡养行为给予高度肯定，确定了其作为非法定继承人享有第一顺位的继承权利，并结合其赡养行为对高某翔适当继承遗产的范围进行合理认定，实现了情、理、法的有机融合，弘扬了团结友爱、孝老爱亲的中华民族传统美德。

【案例 16】

困境儿童指定监护人案

——柳州市儿童福利院申请确定监护人纠纷案

核心价值：未成年人保护

一、基本案情

绍某某自幼母亲下落不明，其满月后不久，便被其父绍某甲抱送至大姑母绍某乙家中抚养。2013 年，绍某甲、绍某乙的丈夫相继去世，而绍某乙患有严重眼疾且无固定生活来源，无法继续照顾绍某某，绍某某被安置在其小姑母绍某丙家中生活。然而，绍某丙无暇照看绍某某，无法保障绍某某读书、吃饭等生活成长的基本需求，导致绍某某长期处于流浪状态。2018 年 1 月，绍某某在政府等有关部门的帮助下进入柳州市救助站进行临时保护。2018 年 2 月，柳州市救助站以绍某某属困境儿童身份为由，将其转移至柳州市儿童福利院生活至今。同年 8 月，柳州市民政局和儿童福利院、柳北区政府与绍某某所在街道社区多次协商后，书面确认由柳州市儿童福利院担任绍某某合法监护人，并向法院提交了指定监护人申请书。本案由柳州市柳北区政府督办，柳北区人民检察院支持起诉。

二、裁判结果

柳州市柳北区人民法院认为，对绍某某有监护资格的人员均已丧失监护能力或不愿意担任监护人，儿童福利院作为民政局下属的事业单位，对未成年人负有社会救助职责。为切实保障绍某某的合法权益，使其能在有合法监护人监护的情况下，尽快解决落户及正常上学等实际问题，该院依法判决，指定柳州市儿童福利院为绍某某的合法监护人。

三、典型意义

儿童是家庭的希望，是国家和民族的未来，确保儿童健康成长是全社会共同的责任。本案系广西壮族自治区首例由检察机关支持起诉的困境儿童指定监护人案件，审理法院从充分保护未成年人合法权益的角度出发，通过法律程序指定社会福利机构作为监护人，这是人民法院在家事审判改革中进行的有益探索和实践。该案判决依法保护了未成年人的合法权益，充分体现了司法的人文关怀。

参考文献

一、著作类

[1] 陈万柏,张耀灿.思想政治教育学原理[M].北京:高等教育出版社,2007.
[2] 张耀灿,郑永廷,吴潜涛,等.现代思想政治教育学[M].北京:人民出版社,2006.
[3] 沈壮海.思想政治教育有效性研究[M].武汉:武汉大学出版社,2008.
[4] 赵军华.法律与道德的交融[M].北京:北京出版社,2006.
[5] 李建华.法律伦理学[M].长沙:中南大学出版社,2002.
[6] 邱柏生.高校思想政治教育的生态分析[M].上海:上海人民出版社,2009.
[7] 刘书林,陈立思.青年思想政治教育学原理[M].北京:中国青年出版社,1999.
[8] 朱智贤.心理学大词典[M].北京:北京师范大学出版社,1989.
[9] 靳诺.德治法治与高校思想政治教育[M].北京:光明日报出版社,2004.
[10] 顾海良.高校思想政治理论课程建设研究[M].北京:经济科学出版社,2009.
[11] 周恒利.道德·法治·文明:大学思政寻道[M].北京:知识产权出版社,2011.
[12] 郑杭生.社会学概论新修(修订本)[M].北京:中国人民大学出版社,1998.
[13] 郑永廷.思想政治教育方法论[M].北京:高等教育出版社,1999.
[14] 张文显.法哲学范畴研究(修订版)[M].北京:中国政法大学出版社,2001.
[15] 徐继超.公民道德教育与公民法制教育[M].北京:中国社会出版社,2003.
[16] 谢岳,程竹汝.法治与德治:现代国家的治理逻辑[M].南昌:江西人民出版社,2003.
[17] 王玄武,骆郁廷.思想教育、政治教育、道德教育比较研究[M].武汉:武汉大学出版社,2002.
[18] 彭玉斌.道德与法治慧教学实践[M].长春:东北师范大学出版社,2017.
[19] 张妍妍.大学生思想道德与法治教育实例研究[M].桂林:广西师范大学出

版社,2018.
[20] 王以.大学生思想道德与法治教育研究[M].长春:吉林文史出版社,2020.
[21] 张凤池,胡守钧.道德教育的方法与实践:基于中国传统文化的视角[M].上海:上海社会科学院出版社,2019.
[22] 陈春莲.杜威道德教育思想研究[M].北京:中国社会出版社,2017.
[23] 蒋一之.道德原型与道德教育:道德原型及其教育价值研究[M].杭州:浙江大学出版社, 2008.
[24] 刘济良.新时期道德教育研究[M].北京:中国社会科学出版社,2018.
[25] 王小飞.道德教育文本研究[M].杭州:浙江教育出版社,2009.
[26] 朱丽.大学生法治教育研究[M].成都:电子科技大学出版社,2016.
[27] 马长山.高校法治教育教程[M].北京:中国民主法制出版社,2019.
[28] 曹义孙.多面向的法治教育[M].北京:中国政法大学出版社,2012.
[29] 姚云.美国高等教育法治研究[M].太原:山西教育出版社,2004.
[30] 邢国忠.社会主义法治理念教育研究[M].北京:中国社会科学出版社,2011.
[31] 中国教育科学研究院课题组.中国教育法治发展报告 2016[M].北京:中国民主法制出版社,2017.
[32] 齐立石.大学生思想政治教育[M].成都:电子科技大学出版社,2017.
[33] 刘敏,庹前进.新时期大学生思想政治教育研究[M].北京:北京理工大学出版社,2018.
[34] 周珊,郝毅.思想政治教育学导论[M].成都:电子科技大学出版社,2016.
[35] 臧宏玲.高校思想政治教育前沿问题研究[M].长春:吉林人民出版社,2017.
[36] 闫晓静.大学生思想政治教育创新研究[M].成都:电子科技大学出版社,2017.
[37] 范国华.时代变迁与思想政治教育的现代转型[M].天津:天津人民出版社,2016.
[38] 成广海.思想政治教育模式研究[M].太原:山西人民出版社,2007.
[39] 黄慧琳.高校大学生思想政治教育与创新能力培养探索[M].成都:电子科技大学出版社,2017.
[40] 张金秋.当代大学生思想政治教育模式构建与实践探索[M].北京:新华出版社,2017.
[41] 王荣发.德育的逻辑:思想政治教育有效性的逻辑进路研究[M].上海:华东理工大学出版社,2013.

[42] 孙鸿达.高校思想政治教育理论与实践研究[M].北京:新华出版社,2015.
[43] 杨红梅,孟琦,张曦堃."思想道德修养与法律基础"课实践:学做一体化[M].长春:吉林人民出版社,2017.
[44] 罗薇.思想道德修养与法律基础讲演录[M].苏州:苏州大学出版社,2018.
[45] 关茹萍,郭清,徐利军.思想道德修养与法律基础辅助教材[M].天津:天津大学出版社,2006.
[46] 上海市邓小平理论研究中心.论"德治"与"法治":学习江泽民同志"以德治国"思想论文集[M].上海:上海人民出版社,2001.
[47] 杨希,张洋,张志刚,等.大学校园的德治与法治[M].石家庄:河北人民出版社,2015.
[48] 陈湾.法治与德治的融合[M].北京:中国原子能出版社,2015.
[49] 罗国杰,夏伟东,关健英,等.德治新论[M].北京:研究出版社,2002.
[50] 刘平.法治与法治思维[M].上海:上海人民出版社,2013.
[51] 纳麒,吕怀玉.哲学视野:法治与德治新论[M].北京:社会科学文献出版社,2006.
[52] 汪洋.法治与德治的实践及思考[M].昆明:云南民族出版社,2001.
[53] 石云霞.新中国成立以来中国共产党思想理论教育历史研究(上、下)[M].北京:中国社会科学出版社,2007.
[54] 乔伊斯.教学模式[M].荆建华,宋富钢,花清亮,译.北京:中国轻工业出版社,2002.
[55] 诺奇克.无政府、国家和乌托邦[M].姚大志,译.北京:中国社会科学出版社,2008.
[56] 亚里士多德.政治学[M].吴寿彭,译.北京:商务印书馆,1965.
[57] 莫雷.教育心理学[M].北京:教育科学出版社,2007.
[58] 罗尔斯.正义论[M].何怀宏,何包钢,廖申白,译.北京:中国社会科学出版社,2009.
[59] 哈特.法律的概念[M].张文显,郑成良,杜景义,等译.北京:中国大百科全书出版社,1996.
[60] 康德.道德形而上学原理[M].苗力田,译.上海:上海人民出版社,2002.
[61] 伯尔曼.法律与宗教[M].梁治平,译.北京:生活·读书·新知三联书店,1991.
[62] 斯格特.组织理论:理性、自然和开放系统[M].黄洋,李霞,申薇,等译.北京:华夏出版社,2002.
[63] 博登海默.法理学:法律哲学与法律方法[M].邓正来,译.北京:中国政法

大学出版社,1999.
[64] 福山.政治秩序的起源:从前人类时代到法国大革命[M].毛俊杰,译.桂林:广西师范大学出版社,2014.
[65] 施克莱.守法主义:法、道德和政治审判[M].彭亚楠,译.北京:中国政法大学出版社,2005.
[66] 莱昂斯.伦理学与法治[M].葛四友,译.北京:商务印书馆,2016.
[67] 富勒.法律的道德性[M].郑戈,译.北京:商务印书馆,2005.
[68] 康德.判断力批判[M].韦卓民,译.北京:商务印书馆,1964.
[69] 斯通.政治心理学[M].胡杰,译.黑龙江:黑龙江人民出版社,1987.
[70] 庞德.法律与道德[M].陈林林,译.北京:商务印书馆,2015.

二、博士学位论文

[1] 陈洁.我国大学生法治教育研究[D].上海:复旦大学,2012.
[2] 雷儒金.高校思想政治理论课教学方法改革研究[D].武汉:武汉大学,2012.
[3] 孟鹏涛.中国高校法治教育问题研究[D].长春:吉林大学,2017.
[4] 舒婷婷.法治视野下思想政治教育研究[D].南京:南京师范大学,2017.
[5] 陈梦圆.高校思想政治理论课教学方法研究[D].长春:东北师范大学,2019.

三、期刊论文类

[1] 曹洪军.论高校思想政治理论课的理论性与实践性[J].思想理论教育(上半月综合版),2016(5):68-71.
[2] 曹洪军.论思想政治理论课实践教学的科学性与意识形态性[J].学术论坛,2012(8):17-20.
[3] 曹洪军.思想道德修养与法律基础课实践教学支持体系存在的问题与对策[J].广西社会科学,2012(09):179-182.
[4] 曹洪军.“思想道德修养与法律基础”教学中道德教育与法治教育有机融合的三维路径[J].煤炭高等教育,2020(3):79-83.
[5] 黄滢.思想政治理论课中德育与法治教育融合的思考[J].大学教育,2019(9):108-110.
[6] 王春英.融会德法兼修理念的价值及路向——“思想道德修养与法律基础”课教学思考[J].中国大学教学,2017(9):59-63.
[7] 韩克芳.论国家治理现代化过程中德治与法治的结合[J].学术探索,2016

(12):1-6.
[8] 关菲菲.大学生法制教育和道德教育相结合的意义与路径[J].学周刊,2015(21):18.
[9] 王伟.刍议大学生法制教育与思想政治教育的有效结合[J].法制与社会,2014(17):226-227.
[10] 孙冕.大学生道德教育与法制教育的融合及其实践把握[J].法制与社会,2014(36):226-227.
[11] 顾相伟.高校道德教育与法制教育的发展、关联与融合[J].思想教育研究,2012(1):87-90.
[12] 孙冕.试论大学生道德教育与法制教育的融合[J].学校党建与思想教育,2010(11):74-75.
[13] 李刚,吴卓玲.从现代教育治理看德治与法治的融合发展[J].教育理论与实践,2019(28):37-40.
[14] 陈建华,邢滢滢.大学生法治与道德教育有机结合路径探究[J].教书育人(高教论坛),2017(3):58-59.
[15] 赵红梅.论大学生道德教育和法治教育的融合[J].当代教育理论与实践,2015(7):133-136.
[16] 刘然.交往实践和制度文明:道德教育和法律教育有机结合的理论根基[J].太原师范学院学报(社会科学版),2013(5):135-138.
[17] 石红.论大学生思想道德教育与法律教育结合的价值基础[J].思想理论教育,2007(17):70-74.
[18] 余国政.大学生道德教育与法制教育的融合[J].湖北师范学院学报(哲学社会科学版),2007,27(5):110-112.
[19] 佘双好.充分认识"思想道德修养"与"法律基础"的内在结构关系[J].清华大学学报(哲学社会科学版),2008(S1):120-124.
[20] 周琳."基础"课道德教育与法制教育融合探析[J].当代教育实践与教学研究,2017(10):203,202.
[21] 章乐.道德教育与法律教育的融合及其限度——兼论小学《道德与法治》教材中道德教育与法律教育的关系[J].课程·教材·教法,2019(4):34-41.
[22] 顾相伟.大学生道德教育与法制教育的关联研究[J].现代教育管理,2012(3):97-101.
[23] 陈大文.关于大学生道德教育与法制教育有机结合的探讨[J].思想理论教育导刊,2011(3):54-58.
[24] 何玉芳,张艳红."基础"课思想道德与法制教育内容的"融合"探析[J].思

想理论教育导刊,2011(3):59-61.
[25] 边和平,曹洪军.论“思想道德修养与法律基础”课科学性与意识形态性的关系[J].思想教育研究,2012,(8):40-43.
[26] 王小莹.高校法治教育改革之我见:以“思想道德修养与法律基础”课为例[J].马克思主义学刊,2015(2):33-40.
[27] 姚郁卉.思想道德教育与法治教育内容有机融合的新探索[J].北京教育(德育),2017(1):32-36.
[28] 陈大文,孔鹏皓.关于高校法制教育定位问题的思考[J].思想理论教育导刊,2013(7):48-51.
[29] 袁芳.新时代立德树人的生成逻辑[J].思想理论教育,2019(5):101-105.
[30] 周艳敏.道德教育与法治教育相融合 促进大学生全面发展[J].北京教育(德育),2017(1):28-31.
[31] 徐继超,郑永廷.论公民道德教育与法制教育的功能互补[J].中山大学学报(社会科学版),2004(3):111-114,127-128.
[32] 戴秀丽,王晓静.高校德育与法治教育有效融合研究[J].北京教育(德育),2017(1):24-27.
[33] 金福来,李亚男.大学生道德教育与法制教育一体化研究[J].吉林农业科技学院学报,2013(2):44-46.
[34] 孙冕.大学生道德教育与法制教育融合的机制及路径选择[J].教育探索,2010(10):104-106.
[35] 龙文懋,崔永东.对道德与法律关系的法哲学思考——美英现代法哲学家论道德与法律关系评析[J].哲学动态,2003(9):25-29.
[36] 赵清文.论道德建设与道德教育的关系[J].天府新论,2005(2):27-29.
[37] 左殿升,张莉,冯锡童,等.新中国成立70年来高校德育的发展进程及启示[J].学校党建与思想教育,2019(19):20-23.
[38] 冯永刚.构建现代公民道德教育体系的必要性及路径选择[J].教育理论与实践,2017(4):48-51.
[39] 王双群,余仰涛.法治教育与德治教育的内涵及意义[J].理论月刊,2006(7):184-186.
[40] 戴茂堂,李若瑶.法治德治协同的逻辑根据与价值取向[J].湖北大学学报(哲学社会科学版),2020(2):27-35.
[41] 智晶晶,王颖.高校道德教育与法治教育有效融合研究[J].北京教育(高教版),2019(1):98-100.
[42] 吴潜涛.提升“思想道德修养与法律基础”课教学质量的几点思考[J].思想

理论教育导刊,2017(9):30-33.
[43] 邢国忠.全国高校道德教育与法制教育理论与实践研讨会综述[J].思想理论教育导刊,2012(10):124-125.
[44] 杨忠明,蔡慧敏.新中国成立70年来高校思想政治理论课的历史回顾与时代展望[J].学校党建与思想教育,2019(23):11-15.
[45] 任帅军."思想道德修养与法律基础"课的逻辑思维、教学方法与路径创新[J].内蒙古师范大学学报(教育科学版),2019(12):98-102.
[46] 张会芸,冯晓玲.高校"思想道德修养与法律基础"课教材发展研究(2006-2018)[J].思想政治教育研究,2019(6):68-73.
[47] 靖治.高校"思想道德修养与法律基础"课教学改革研究[J].内蒙古师范大学学报(教育科学版),2018(1):84-87.
[48] 潘友梅.思想道德修养与法律基础课教学改革新探[J].教育探索,2011(3):39-40.
[49] 曹洪军,叶贵梅.论马克思自由观的共同体向度及其时代价值[J].马克思主义与现实,2021,(05):73-81.
[50] 韩华,马亚美.道德教育与法治教育有效融合的文化视野[J].北京教育(德育),2017(1):21-23.
[51] 陈杰峰.思想道德修养与法律基础课教学改革探析[J].教育探索,2009(1)31-32.
[52] 胡菊华,刘忠效.思想道德修养与法律基础课教学体系构造初探[J].学校党建与思想教育(高教版),2007(5):36-37.
[53] 吴潜涛."思想道德修养与法律基础"教学建议[J].思想理论教育导刊,2020(8):12-14.
[54] 岳鹏,向黎.关于"思想道德修养与法律基础"课教学贯彻党的十九大精神的思考[J].学校党建与思想教育,2018(13):52-54.
[55] 张晓红.《思想道德修养与法律基础》的教学探讨[J].中国青年政治学院学报,2007(6):87-91.
[56] 胡菊华.思想道德修养与法律基础课程的整合性建设[J].黑龙江高教研究,2007(8):124-126.
[57] 王春焕,杨文仙,曾燕,等.思想道德修养与法律基础课程教学改革探索与实践[J].西藏大学学报(社会科学版),2007(S1):57-60.
[58] 徐曼.《思想道德修养与法律基础》课教学改革与实践[J].思想政治教育研究,2010(2):69-71.
[59] 高国希.关于《思想道德修养与法律基础》教材修订的建议[J].思想理论教

育,2010(19):50-51.
[60] 江婷,石磊.新时代高校道德素养与法治精神培养途径探究:评《新时期大学生思想道德教育与法律素质培养》[J].中国教育学刊,2020(3):110.
[61] 陈延华.新时代大学生法治观念培育研究[J].黑龙江高教研究,2018(11):135-138.
[62] 练琪,李延.大学生思想政治教育中的"德治"与"法治"[J].学校党建与思想教育,2014(6):15-16.
[63] 周杨.大学生思想道德与法治素养培育机制研究[J].学校党建与思想教育,2018(8):34-36.
[64] 曹洪军.论马克思道德观的辩证批判性特质及其当代价值——基于"利益"与"道德"关系的视角[J].马克思主义研究.2019,(12):120-129.
[65] 李志强.再谈新时代"思想道德修养与法律基础"课中的道德与法律关系问题[J].思想教育研究,2020(8):89-93.
[66] 陈大文,程娟.论高校思想政治理论课专题教学的难点问题[J].思想理论教育导刊,2019(12):81-85.
[67] 本教材修订组,沈壮海.《思想道德修养与法律基础(2018 年版)》修订说明[J].思想理论教育导刊,2018(5):22-27.
[68] 李小刚,杨兆中,王棠昱.高校人力资源开发探析[J].石油教育,2004(6):22-24.
[69] 张泰来.当前大学道德教育存在的问题及其对策[J].思想教育研究,2010(4):71-74.
[70] 李全文.大学生法制教育的问题与对策:谈《思想道德修养与法律基础》课程优化[J].中国科教创新导刊,2008(10):97-98.
[71] 吴潜涛.《思想道德修养与法律基础》教材修订说明及教学建议[J].思想理论教育导刊,2013(9):18-24.
[72] 本刊记者.《思想道德修养与法律基础》教材征求意见座谈会述要[J].思想理论教育导刊,2006(7):9-12.
[73] 曹洪军.论证马克思主义之科学性与意识形态性关系的三重维度[J].思想理论教育导刊,2017,(10):80-84.
[74] 蒋小燕."思想道德修养与法律基础"课中学生法治素养培育探索[J].学校党建与思想教育,2019(14):34-36.
[75] 李桂梅,郑自立.高校"思想道德修养与法律基础"课案例教学刍议[J].思想理论教育导刊,2017(1):100-103.
[76] 李大健.人性化"动态化"多元化:高校德育评价体系改革研究[J].中国大

学教学，2007(11)：71-74.
[77] 李大健."思想道德修养与法律基础"课"三三制"实践教学体系探讨[J].国家教育行政学院学报，2009(12)：63-68.
[78] 章鸣.新媒体时代高校文化传播实现媒介研究[J].出版广角，2020(21)：88-90.
[79] 王越，邬丽群.高校文化育人工作的价值和路径研究[J].边疆经济与文化，2020(7)：94-95.
[80] 王莹.论高校"立德树人"体系的法治文化介入[J].教育评论，2016(09)：93-96.
[81] 李军.论高校文化建设与大学生社会道德教育的互动关系[J].赤峰学院学报(自然科学版)，2013，29(23)：211-213.
[82] 吴艳.高校法治文化建设问题与对策探析[J].云南农业大学学报(社会科学版)，2011，5(5)：67-70.
[83] 郑美林.高校校园网络思想道德教育文化建设研究[J].中国电力教育，2011(16)：159，163.
[84] 赵海峰，蒋红雨.略论中国高校文化精神和文化氛围的演变[J].黑龙江教育(高教研究与评估)，2009(11)：22-23.
[85] 陈东霞.全面营造高校文化氛围的现实思考[J].山东省农业管理干部学院学报，2006(6)：175-176.
[86] 罗国杰.把握"思想道德修养与法律基础"课的性质与特点 增强教学的实效性和针对性[J].北京教育(高教版)，2006(10)：4-7.
[87] 李英林.高校学生道德人格现状的文化解析[J].思想政治教育研究，2006(4)：26-27.
[88] 中共北京市委教育工作委员会.北京高校思想道德文化建设的现状与对策[J].北京高等教育，1996(5)：7-10.
[89] 靳诺.立德树人：高等教育的根本任务和时代使命[J].中国高等教育，2017(18)：8-12.
[90] 靳诺.法德并治 协同推进[J].中国高等教育，2017(10)：12-15.
[91] 曹洪军.在科研改进中提高思想政治理论课教学质量[J].华北理工大学学报(社会科学版)，2017，17(05)：114-119.
[92] 姜琳琳，刘晓强.新时代"思想道德修养与法律基础"课教学中"思想道德"与"法治"的有机融合探析[J].长春理工大学学报(社会科学版)，2019(5)：33-37.

后　记

道德教育与法治教育有机融合既是一个重要的理论问题，也是高校开展思政课教学必须高度重视并予以切实践行的实践问题。本书最早是计划作为本人承担的教育部社科基金项目成果之一出版的，由于科研、教学及行政事务工作繁多，完稿期限一拖再拖，致使项目已经结题，而文稿尚未完成。作为从事思想政治理论课教学的专职教师，笔者一直在思考和研究这一问题，并结合课程教学不断探索实践路径与模式方法。历经前后四年多的努力，书稿即将付梓，倍感欣慰！同时，大学“思想道德修养与法律基础”课也改名为“思想道德与法治”课，由于时间太仓促，我们来不及补充修改太多的相关内容，此诚憾事！期待未来有再版修订的机会。

全书由本人负责总体设计、拟定章节目录、提供基本问题研究框架和主要结论，并最终统稿。我的博士研究生胡俊生（撰写文稿 5 万字）、唐献玲、万信，硕士研究生叶贵梅、徐灿灿、朱悦嘉、蒋欣等在资料收集方面作出了重要贡献，提供了部分章节的初稿。中国矿业大学马克思主义学院副教授江虹老师负责第五章教学案例解析部分。在此对他们表示衷心的感谢。由于本人学术水平有限，讹误不当之处，恳请专家学者批评指正。

曹洪军

2022 年 10 月